Heribert Kurz
Glaube stärkt –
Krankenkommunion feiern
im Lesejahr A

Heribert Kurz

Glaube stärkt

Krankenkommunion
feiern im Lesejahr A

echter

Die Schriftworte sind entnommen der Einheitsübersetzung der Heiligen Schrift © 1980 Katholische Bibelanstalt, Stuttgart

Die Deutsche Bibliothek – CIP-Einheitsaufnahme

Kurz, Heribert:
Glaube stärkt : Krankenkommunion feiern im Lesejahr A /
Heribert Kurz. – Würzburg : Echter, 2001
  ISBN 3-429-02379-3

© 2001 Echter Verlag GmbH
Umschlag: Uwe Jonath
Druck und Bindung: Druckerei Lockay e.K., Reinheim
ISBN: 3-429-02379-3

Inhalt

Vorwort 7

Ablauf der Feier 8

Weihnachtsfestkreis

1. Adventssonntag 11
2. Adventssonntag 14
3. Adventssonntag 17
4. Adventssonntag 20
Weihnachten 23
1. Sonntag nach Weihnachten (Hl. Familie) 26
2. Sonntag nach Weihnachten 29
Taufe des Herrn 32

Osterfestkreis

1. Fastensonntag 34
2. Fastensonntag 37
3. Fastensonntag 40
4. Fastensonntag 42
5. Fastensonntag 45
Palmsonntag 48
Ostersonntag 51
2. Sonntag der Osterzeit 54
3. Sonntag der Osterzeit 57
4. Sonntag der Osterzeit 60
5. Sonntag der Osterzeit 63
6. Sonntag der Osterzeit 65
7. Sonntag der Osterzeit 68
Pfingsten 71
Dreifaltigkeitssonntag 74

Jahreskreis

1. Sonntag im Jahreskreis 32
2. Sonntag im Jahreskreis 77
3. Sonntag im Jahreskreis 80
4. Sonntag im Jahreskreis 83
5. Sonntag im Jahreskreis 86
6. Sonntag im Jahreskreis 89
7. Sonntag im Jahreskreis 92
8. Sonntag im Jahreskreis 95
9. Sonntag im Jahreskreis 97
10. Sonntag im Jahreskreis 99
11. Sonntag im Jahreskreis 101
12. Sonntag im Jahreskreis 104
13. Sonntag im Jahreskreis 106
14. Sonntag im Jahreskreis 109
15. Sonntag im Jahreskreis 112
16. Sonntag im Jahreskreis 115
17. Sonntag im Jahreskreis 117
18. Sonntag im Jahreskreis 120
19. Sonntag im Jahreskreis 122
20. Sonntag im Jahreskreis 125
21. Sonntag im Jahreskreis 128
22. Sonntag im Jahreskreis 131
23. Sonntag im Jahreskreis 133
24. Sonntag im Jahreskreis 136
25. Sonntag im Jahreskreis 139
26. Sonntag im Jahreskreis 142
27. Sonntag im Jahreskreis 145
28. Sonntag im Jahreskreis 148
29. Sonntag im Jahreskreis 151
30. Sonntag im Jahreskreis 154
31. Sonntag im Jahreskreis 157
32. Sonntag im Jahreskreis 160
33. Sonntag im Jahreskreis 163
34. Sonntag im Jahreskreis (Christkönigssonntag) 166

Vorwort

Wenn ein Mensch krank ist, erlebt er Ausschluß in verschiedener Form. Er kann am Alltagsleben nicht teilnehmen wie sonst. Er muß sich mit der Krankheit auseinandersetzen, vielleicht quälen ihn Schmerzen. Er fragt sich, wie es weitergeht. Der persönliche Glaube ist angefragt.
Mit dem vorliegenden Band (sowie den beiden nachfolgenden Bänden »Hoffnung trägt« und »Liebe verbindet«) soll dem kranken Menschen erfahrbar werden, daß er durch den Glauben in eine Gemeinschaft mit hineingenommen ist und daß dieser Glaube an den in Jesus uns nahegekommenen Gott trägt.
Krankenkommunion braucht Feiern, und Feiern braucht Zeit. Mögen alle, die kranke Menschen auf ihrem Glaubensweg begleiten, sich für diese Menschen Zeit nehmen, sich von den vorliegenden Gottesdiensten anregen lassen und Krankenkommunion feiern im Glauben, der stärkt.

Heribert Kurz

Ablauf der Feier

Vorbemerkung
Da man nicht in allen Häusern (leider auch in Krankenhäusern nicht) mit einem vorbereiteten äußeren Rahmen für die Krankenkommunionfeier rechnen kann, ist es angeraten, neben der Bursa mit dem Allerheiligsten Folgendes mitzubringen: kleines weißes Tuch (ca. 40 x 40 cm), kleines (Steh-)Kreuz, Kerze oder Teelicht im Halter, Gotteslob (evtl. auch für Mitfeiernde. Zusätzlich kann die Bibel zum tragenden Zeichen werden, wenn man sich entschließt, nach entsprechender Markierung die Schriftstellen daraus vorzulesen.

Begrüssung

Im Gespräch, für das man sich angemessen Zeit nehmen sollte, wird Kontakt zum Kranken aufgenommen. Dabei kommt auch sein Befinden zur Sprache, was sich im Sinne einer persönlicheren Gestaltung der Kommunionfeier auswirken wird.

Kreuzzeichen

Das Zeichen der Erlösung markiert stets den eigentlichen Beginn des liturgischen Geschehens und soll persönlich gehalten sein, wie z.B. mit den Worten: »Wir beginnen im Zeichen unseres Glaubens: Im Namen des Vaters ...«

Lied*

Liednummern über 800 entstammen dem Gotteslob-Eigenteil der Diözese Würzburg. Es empfiehlt sich, das entsprechende Lied aus dem Eigenteil eines jeweiligen Bistums zu entnehmen bzw. ein passendes anderes Lied auszuwählen, vor allem ein dem Kranken vertrautes.

ANRUFUNG*

In Kyrierufen geschieht die bewußte Hinwendung zum erlösenden Gott.

VERGEBUNGSBITTE

Diese folgt der Anrufung als Ausdruck der Hoffnung auf die vergebende Begegnung mit Gott.
Sie empfiehlt sich in bittender Form und in Anlehnung an die der Messe (vgl. GL 353,6).

SCHRIFTWORT*

Die biblische Botschaft ist eine Auswahl von Versen bzw. Teilversen aus einer der beiden Tageslesungen oder aus dem Evangelium des Tages.

GEDANKEN ZUM TEXT*

ÖFFNEN DER BURSA

VATERUNSER

Das Herrengebet kann mit freien Worten aus dem Kontext der Feier oder auch aus der persönlichen Situation des Kranken eingeleitet werden.

Hinführung*

Die Erhebung der Hostie geschieht unter hinführenden Worten, welche die Einheit zwischen dem wegweisenden Wort der Schrift und der erfahrbaren Gottesnähe im Brot deuten; sie münden in das liturgische »Seht das Lamm Gottes ...«

Kommunion

Gebet*

Lied*

Vgl. oben

Segen(*)

Wenn besonders formulierte Segensformeln vorgeschlagen werden, so empfiehlt es sich doch, den Segen mit freien Worten aus dem Kontext der Feier oder aus der persönlichen Situation des Kranken (vgl. Vaterunser) im Namen des dreifaltigen Gottes zuzusagen.

Verabschiedung

Sie geschieht sinngemäß wie die Begrüßung.

---

* Für die mit Sternchen gekennzeichneten Elemente bringt das Buch für jeden Sonn- bzw. Feiertag Textvorschläge.

1. Adventssonntag

LIED

Kündet allen in der Not (GL 106,1–2)

ANRUFUNG

- Herr, wir ersehnen deine Nähe.
- Komm neu in unser Leben, daß wir dich spüren.
- Binde uns durch die Tage des Advents fester an dich.

SCHRIFTWORT

Am Ende der Tage wird es geschehen:
Der Berg mit dem Haus des Herrn
steht fest gegründet als höchster der Berge;
er überragt alle Hügel.
Zu ihm strömen alle Völker.
Man zieht nicht mehr das Schwert, Volk gegen Volk,
und übt nicht mehr für den Krieg.
Ihr vom Haus Jakob, kommt,
wir wollen unsere Wege gehen im Licht des Herrn.
(*Jes 2, 2.4c.5*)

GEDANKEN ZUM TEXT

Vom »Ende der Tage« spricht das Prophetenwort. Der Advent will den Blick der Christen auf das »Ende der Erdentage« richten. Ein kranker Mensch ist vielleicht wacher und sensibler für dieses Thema als jemand, der gesund mitten im Leben steht.

»Der Berg mit dem Haus des Herrn« – das ist der Blick auf Gott, den einzigen Herrn über das Leben aller Menschen. Dieser Blick wird für uns Menschen unausweichlich sein. Dieser Blick ist ein Blick der Hoffnung: »Man zieht nicht mehr das Schwert, Volk gegen Volk, und übt nicht mehr für den Krieg«.

Der Advent sagt: Gott ist der Höchste und setzt sich in allem durch. Wirklich einlassen auf Advent kann ich mich nur, wenn ich mich frage, wo und wem gegenüber ich mehr oder weniger bewußt unversöhnlich verharre. Eine solche Haltung drückt hinunter ins Dunkel und macht kaputt.

Die ermutigende Aufforderung des Propheten aber lautet: »Kommt, wir wollen unsere Wege gehen im Licht des Herrn.«

Hinführung

Jesus Christus kommt uns entgegen. Er wird uns hinaufführen zum Berg mit dem Haus des Herrn. Er ist das Lamm Gottes und nimmt von uns, was uns fernhält von Gott.

Gebet

Ich danke dir, guter Gott,
daß du mit deinem Versöhnungsangebot
immer wieder in mein Leben kommst.
Es tut so gut, zu wissen und zu spüren,
daß du mir deine Nähe schenkst.
Sei mir stets nahe in den Tagen meiner Krankheit.
Laß in diesem Advent die Hoffnung in mir wachsen,
daß du mich am Ende meiner Tage ganz hineinnehmen wirst

in die versöhnte Gemeinschaft mit allen, die du geschaffen hast.
Amen.

LIED

Kündet allen in der Not (GL 106,5)

2. Adventssonntag

Lied

Mit Ernst, o Menschenkinder, das Herz in euch bestellt (GL 113,1)

Anrufung

- Herr, unruhig ist mein Herz und es verlangt nach deiner Nähe.
- Durch deinen Sohn suchst du den Weg zu mir.
- Hilf mir, mich zu verändern, und wandle mich durch deinen Geist.

Schriftwort

An jenem Tag wächst aus dem Baumstumpf Isais ein Reis hervor,
ein junger Trieb aus seinen Wurzeln bringt Frucht.
Der Geist des Herrn läßt sich nieder auf ihm.
Er richtet die Hilflosen gerecht
und entscheidet für die Armen des Landes, wie es recht ist.
Er schlägt die Gewalttätigen mit dem Stock seines Wortes.
Dann wohnt der Wolf beim Lamm,
Kalb und Löwe weiden zusammen.
Der Säugling spielt vor dem Schlupfloch der Natter.
Das Land ist erfüllt von der Erkenntnis des Herrn,
so wie das Meer mit Wasser gefüllt ist.
(Jes 11,1.2a.4ab.6ac,8a.9b)

Gedanken zum Text

Das Unmögliche wird möglich. Was uns absolut unglaublich scheint, wird wahr, wenn Gott in unser Leben kommt.

Das gibt es ja gar nicht, daß wilde und gefährliche Raubtiere mit harmlosen Haustieren zusammensein können: Wolf und Lamm oder Löwe und Kalb. Selbst ein schutzloser Säugling ist am Loch der giftigen Natter nicht mehr gefährdet, wenn der »Geist des Herrn« die Welt durchdringt.

Advent ist einerseits die Zeit, die uns ermöglichen soll, die eigenen Sehnsüchte nach Befreiung von Lebenshemmungen und Ängsten zuzulassen.

Andererseits aber ist Advent auch eine Zeit, sich zu öffnen für die Erkenntnis, daß Gottes Nähe für Arme und Hilflose Recht will und daß zwischenmenschliche Gewalt – offen oder versteckt – folglich keinen Bestand haben wird.

Gott kommt. Das Unmögliche wird möglich. Auch für meine inneren Vorbehalte und Reserviertheiten gegenüber Gottes Wirken!

Hinführung

Jesus Christus ist der Wurzelsproß aus Isai. Durch ihn ist die Versöhnungszusage wahr geworden. Wer auf ihn vertraut, wird befreit von seiner inneren Friedlosigkeit.

Gebet

Deine Botschaft, guter Gott, ist voller Trost.
Ich möchte dir noch mehr trauen.

Im Brot des heiligen Mahles gibst du mir Kraft,
nach vorne zu schauen.
Mach' stark in mir, was in deinem Sinne ist,
und was in meinem Innern nicht in deinem Sinne ist,
das wandle durch deine Gnade.
Für alle Wunder, die du an mir getan hast
und die du weiterhin tun wirst,
danke ich dir aus ganzem Herzen.
Amen.

Lied

Mit Ernst, o Menschenkinder (GL 113,2)

3. Adventssonntag

Lied

Wir sagen euch an den lieben Advent (GL 115,1)

Anrufung

– Herr, in unseren Herzen gibt es viel Finsternis, die uns zu schaffen macht.
– Alle adventlichen Lichter sind Zeichen der Hoffnung auf deine Nähe.
– Durch jeden Christen kann es heller werden in dieser Zeit, auch durch mich.

Schriftwort

Johannes (der Täufer) hörte im Gefängnis von den
  Taten Christi.
Da schickte er seine Jünger zu ihm
und ließ sie fragen: Bist du der, der kommen soll,
oder müssen wir auf einen anderen warten?
Jesus antwortete ihnen:
Geht und berichtet Johannes, was ihr hört und seht:
Blinde sehen wieder, und Lahme gehen;
Aussätzige werden rein, und Taube hören;
Tote stehen auf, und den Armen wird das
  Evangelium verkündet.
Selig ist, wer an mir keinen Anstoß nimmt.
(*Mt 11,2–6*)

Gedanken zum Text

Wenn dunkle Wegstrecken der Krankheit, die Zumutung von Schmerzen und das Schwinden der Kräfte einem zu schaffen machen, dann können Zweifel kommen wie damals bei Johannes im Gefängnis. Er war sich Gottes immer so sicher gewesen. Jetzt, wo er nichts mehr machen kann, ist er irritiert.

Wie Johannes braucht dann auch ein jeder von uns Glaubensgewißheit: Wenn uns Hören und Sehen vergeht, wenn soviel Liebgewordenes auf der Strecke bleibt, wenn soziale Kontakte absterben, wenn der eigene Tod unausweichlich wird, ist es der gläubige Verlaß auf Jesus Christus, der allein noch tragen kann.

Advent ist das Tasten der Christen nach genau dieser Glaubensgewißheit.

Mit den Worten: »Selig, wer an mir keinen Anstoß nimmt« zeigt Jesus, daß er um Vertrauensvorbehalte auf unserer Seite weiß; gleichzeitig sagt er damit auch, daß ein jeder, der sich auf Gottes Heilszeichen verläßt, ungeahntes Leben haben wird.

Hinführung

Im Blick auf Jesus sagt Johannes der Täufer: »Ich muß abnehmen, er aber muß zunehmen.« Im Brot der Eucharistie bietet sich Jesus Christus an, damit sein Leben in uns wachsen kann. Er ist das Lamm Gottes, das hinwegnimmt die schuldhafte Zurückhaltung der Welt.

Gebet

Jesus, auf dich möchte ich mich blind verlassen.

Du gibst meinem Leben Sinn und Richtung.
Ich danke dir, daß du dich auf mich einläßt,
obwohl ich deine Zuneigung nicht verdient habe.
Ich bitte dich, sei du die treibende Kraft in mir,
damit ich den Weg finde, den Gott mit mir vorhat,
und damit ich auch wage, ihn zu gehen.
Amen.

Lied

Wir sagen euch an den lieben Advent (GL 115,3)

4. Adventssonntag

Lied

Macht hoch die Tür (GL 107,1)

Anrufung

- Herr Jesus Christus, ich möchte offen sein für das, was du mir zu sagen hast.
- Immer wieder kommt es vor, daß ich den Weg des geringeren Widerstandes wähle und inneren Entscheidungen aus dem Weg gehe.
- Manchmal belastet es mich, daß ich von mir nicht mehr loskomme und die anderen aus dem Blick verliere.

Schriftwort

Mit der Geburt Jesu Christi war es so:
Maria, seine Mutter, war mit Josef verlobt;
noch bevor sie zusammengekommen waren,
zeigte sich, daß sie ein Kind erwartete
– durch das Wirken des Heiligen Geistes.
Josef, ihr Mann,
der gerecht war und sie nicht bloßstellen wollte,
beschloß, sich in aller Stille von ihr zu trennen.
Während er noch darüber nachdachte,
erschien ihm ein Engel des Herrn im Traum
und sagte: Josef, Sohn Davids,
fürchte dich nicht, Maria als deine Frau zu dir zu nehmen.
Als Josef erwachte,

tat er, was der Engel des Herrn ihm befohlen hatte,
und nahm seine Frau zu sich.
(*Mt 1,18–20d.24*)

Gedanken zum Text

Daß Gott auf ungewöhnliche Weise in das Leben der Menschen kommt, das zeigen die adventlichen Bibelstellen um Empfängnis und Schwangerschaft von Maria ziemlich deutlich. Bei aller liebgewordenen Vertrautheit haben sie doch etwas Skandalöses: Jesus ist ein »außereheliches Kind«, und Josef tut sich schwer damit, es anzunehmen.
Kommt Gott nicht auch uns im Leben manchmal quer – wenn unsere Pläne nicht aufgehen?
Josef passiert das nach der Bibel öfters. Aber eines konnte er: sich die Situation dann zu Herzen nehmen, und das ganz wörtlich. Durch diesen Verinnerlichungsprozeß ist ihm die Sprache Gottes aufgegangen. Die Träume, die aus dem Herzen dieses gottvertrauenden Menschen aufgestiegen sind, haben ihm die instinktive Sicherheit für den je nächsten Schritt im Leben gezeigt.
Wahrscheinlich ist Gottes Weg mit jedem von uns von ähnlicher Art: daß wir Skandalöses an uns heranlassen, unsere Herzen offenhalten, um mit Gottes Gnade herauszufinden, was für uns ansteht.

Hinführung

Gott mutet sich uns zu. Auch wenn wir seine Sprache oft zunächst nicht verstehen, bleibt er voll liebender Geduld und führt uns durch Jesus Christus zum Licht der Erkenntnis.

GEBET

Du stets naher Gott,
wir stehen vor dem Geburtsfest deines Sohnes Jesus,
der unser Menschenbruder ist.
Du umgreifst unser Leben, auch wenn wir dich nicht
 sehen.
Durch ihn hältst du uns, wenn Ungewißheit und
 Angst bedrohlich werden.
Danke, daß deine Nähe im Brot deines Sohnes
uns Gewißheit ist.
Erfülle die Herzen aller, die auf dich vertrauen,
heute und alle Tage.
Amen.

LIED

Macht hoch die Tür (GL 107,4)

Weihnachten

Lied

Es ist ein Ros entsprungen (GL 132,1–2)

Anrufung

- Wir danken dir, du großer Gott, für das Fest der Geburt deines Sohnes.
- Jesus Christus, im Wunder von Betlehem bist du uns für immer nahe gekommen.
- Heiland der Welt, ohne dein Entgegenkommen können wir nicht sein.

Schriftwort

Das Volk, das im Dunkel lebt,
sieht ein großes Licht;
über denen, die im Land der Finsternis wohnen,
strahlt ein Licht auf.
Denn uns ist ein Kind geboren,
ein Sohn ist uns geschenkt.
Man nennt ihn: Wunderbarer Ratgeber, Starker Gott,
Vater in Ewigkeit, Fürst des Friedens.
Seine Herrschaft ist groß,
und der Friede hat kein Ende.
(*Jes 9,1.4d–6b*)

Gedanken zum Text

Wenn ein Kind geboren wird, richten sich darauf viele Hoffnungen. Alle freuen sich, wenn es gesund ist. Jedes Menschenkind ist immer wieder neu ein Hoffnungszeichen von Gott.

Diese Aussage hat auch für das Leben eines jeden von uns gegolten. Und sie gilt immer noch.

Das Unbeschwerte der Kindheit ist jedoch schon lange, allzu lange von uns gewichen. Vielleicht denken Sie in diesen weihnachtlichen Tagen manchmal etwas wehmütig daran zurück. Vermutlich können Sie sich in diesen Tagen der Krankheit mit dem »Volk, das im Dunkel lebt«, und mit »denen, die im Land der Finsternis wohnen«, schneller identifizieren.

Die Hoffnung, die Gott mit jedem Menschen in die Welt hineingegeben hat, zieht er nie zurück. Im Gegenteil: In Jesus von Nazareth hat er diese Hoffnung sogar unüberbietbar bekräftigt. In ihm hat Gott das »Licht aufstrahlen« lassen, das die angstmachenden Schattenseiten unseres Lebens auflösen wird.

Das Kind der Heiligen Nacht ist unzerstörbar ein Zeichen der Hoffnung. In ihm verbindet sich Gott mit allen menschlichen Niederlagen, sogar mit der Schuld. In ihm läßt er sich sogar auf unseren Tod ein und verwandelt ihn in Leben.

Hinführung

Ein Kind ist uns geboren, ein Sohn ist uns geschenkt. Seine Herrschaft ist groß, und sein Friede hat kein Ende.

GEBET

Guter Gott, du bist nicht zu begreifen,
und dein Wesen übersteigt das Fassungsvermögen
aller menschlichen Gedanken und Empfindungen.
Und dennoch hast du dich für mich begreifbar gemacht in Jesus,
der in Bethlehem geboren ist.
Du gibst mir im Brot aus der Feier seines Gedächtnismahles
das Lebensmittel, das mich aufrichtet in schweren Stunden
und meine Hoffnung stärkt auf das Leben bei dir in Ewigkeit.
Amen.

LIED

Es ist ein Ros entsprungen (GL 132,3)

SEGEN

– Gott, der dein Leben von Anfang an gewollt hat, erhalte dir seine Nähe.
– Dein Herz sei erfüllt von Freude über seine Menschwerdung.
– Er, der alles Dunkle in das Licht der Freude verwandeln wird, tröste, bewahre und segne dich:
  der Vater, der Sohn und der Heilige Geist. Amen.

1. Sonntag nach Weihnachten (Hl. Familie)

Lied

Ihr Kinderlein, kommet (GL 952,1.3 [Eigenteil Bistum Würzburg])

Anrufung

– Gott, durch Jesus, deinen Sohn, wissen wir, daß auch wir dich als unseren Vater ansprechen dürfen.
– Du bist die Quelle unseres Lebens und liebst deine Geschöpfe, mehr als eine Mutter ihr Kind.
– In jeder Not dürfen wir zu dir kommen, denn bei dir ist Geborgenheit und fester Verlaß.

Schriftwort

Als die Sterndeuter wieder gegangen waren,
erschien dem Josef im Traum ein Engel des Herrn
und sagte: Steh auf,
nimm das Kind und seine Mutter,
und flieh nach Ägypten;
dort bleibe, bis ich dir etwas anderes auftrage;
denn Herodes wird das Kind suchen, um es zu töten.
Da stand Josef auf
und floh mit dem Kind und dessen Mutter nach Ägypten.
(*Mt 2,14–14*)

Gedanken zum Text

Wohl dem Menschen, der eine Familie hat, in der er sich geborgen fühlen darf. Wer schon als Kleinkind die Erfahrung machen durfte, daß Vater und Mutter für ihn sorgend da waren, der verfügt über ein Lebenskapital, das sich auch in der Fähigkeit, glauben zu können, auswirkt. Jesus hat sorgende Eltern erfahren dürfen. Sicherlich war das auch der tragende Grund, auf dem seine tiefe Gottesbeziehung gewachsen ist.
Nicht nur in einer biologischen Familie, sondern auch überall dort, wo wir die Erfahrung machen, daß sich andere für uns einsetzen, wird etwas gegenwärtig von »Familie Gottes«.
Nicht eine idealisierte Stimmung und Krippenromantik machen den Kern des Weihnachtsfestes aus, sondern eine feste innere Gewißheit, daß Gott jederzeit für uns zu sorgen weiß.

Hinführung

Durch seine Menschwerdung kommt Jesus in unser Leben. Er nimmt uns als seine Geschwister an und macht uns so zu geliebten Söhnen und Töchtern Gottes.

Gebet

Es ist gut, dir zu danken, großer Gott.
Durch alle guten Erfahrungen meines Lebens weiß
  ich, ich kann mich auf dich verlassen.
Und wenn mein Weg unüberschaubar wird und
  beängstigend,
dann darf ich wissen: Du verläßt mich nie.

Durch deinen Sohn Jesus Christus
hast du mich hineingenommen in ein Leben,
das mein Geschenk bleibt in dieser Zeit
und das du vollenden wirst in deiner Ewigkeit.
Amen.

LIED

Ihr Kinderlein, kommet (GL 952,7 [Eigenteil des Bistums Würzburg])

2. Sonntag nach Weihnachten

Lied

Jauchzet, ihr Himmel (GL 144,1)

Anrufung

- Daß Trost und Zuversicht mein Herz prägen, das wünsche ich mir so sehr.
- Nicht immer trägt mich die tiefe Gelassenheit aus dem Glauben.
- Ich darf gewiß sein, daß du mich annimmst, trotz mancher Herzensenge.

Schriftwort

Gepriesen sei der Gott, Vater unseres Herrn Jesus Christus.
Er hat uns mit allem Segen seines Geistes gesegnet
durch unsere Gemeinschaft mit Christus im Himmel.
Denn in ihm hat er uns erwählt vor der Erschaffung der Welt,
damit wir heilig und untadelig leben vor Gott;
er hat uns im voraus dazu bestimmt,
seine Söhne (und Töchter) zu werden.
(*Eph 1,3–5b*)

Gedanken zum Text

Heilige sind wir nicht! Das werden wir zugeben müssen, wenn wir ehrlich sind. Das Geheimnis der weih-

nachtlichen Zeit ist, daß Gott sich auf Sünder einläßt. Ich darf mir demnach sagen: Ich bin von Gott angenommen und geliebt, trotz all meiner Unzulänglichkeiten.
Der Glaube des Christen spielt sich nicht im Kopf ab, sondern im Herzen: Ahne ich etwas von der tiefen Wahrheit, daß Gott mich von Ewigkeit her angenommen hat, noch bevor irgendein Mensch auch nur einen Gedanken an die Möglichkeit meiner Existenz haben konnte?
Durch den Menschen Jesus aus Nazaret haben wir diese starke Gewißheit. Und weil er Gottes Sohn ist, wird uns auch die Tatsache, nicht heilig und untadelig zu leben, nicht vernichten können. Gott sei Dank.

Hinführung

Im Kind von Betlehem begegnet uns der Erlöser. Öffnen wir ihm unser Herz, denn er allein nimmt hinweg unsere Schuld.

Gebet

Wir können uns nicht selbst herausziehen aus allem,
was uns bisweilen zu schaffen macht.
Du, Gott, bist es, der uns befreit.
Keinen läßt du in seiner Not allein.
Bleibe spürbar in meinem Herzen,
damit keine Angst mich lähmen kann.
Von dir weiß ich mich angenommen.
In dieser Gewißheit gehe ich zuversichtlich und froh
meinen Weg mit Jesus Christus, meinem Bruder und
   meinem Herrn.
Amen.

Lied

Jauchzet, ihr Himmel (GL 144,4)

Taufe des Herrn
(1. Sonntag im Jahreskreis)

Lied

Ich bin getauft und Gott geweiht (GL 635,1)

Anrufung

- Gott, unser Vater, du hast unser Leben gewollt.
- Jesus, Gottessohn, du hast unser Leben angenommen mit allen Höhen und Tiefen.
- Heiliger Geist, Kraft unseres Gottes, du führst uns den Weg zum Ziel des Lebens.

Schriftwort

Jesus kam von Galiläa an den Jordan zu Johannes,
um sich von ihm taufen zu lassen.
Kaum war Jesus getauft und aus dem Wasser gestiegen,
da öffnete sich der Himmel
und er sah den Geist Gottes wie eine Taube auf sich
  herabkommen.
Und eine Stimme aus dem Himmel sprach:
Das ist mein geliebter Sohn.
(Mt 3,13.16–17b)

Gedanken zum Text

Im ersten Moment könnte man meinen, die Taufe Jesu habe mit uns und unserer eigenen Taufe nicht viel zu tun. Aber gerade das Gegenteil ist der Fall.

Welche Beziehung habe ich denn zu meiner eigenen Taufe?
Jesus, von dem wir glauben, daß er ohne Sünde war, unterzieht sich dennoch der Bekehrungstaufe des Johannes. Damit zeigt er mir: Ich stehe zu dir in deinem Versagen.
Und weil das so ist, gilt: Der Himmel steht uns als Getauften offen. Mit Jesu Taufe ist jedem, der glaubt, persönlich zugesagt: »Du bist mein geliebter Sohn, du bist meine geliebte Tochter!«

Hinführung

In diesem Brot begegnet uns Jesus Christus, Gottes geliebter Sohn, der unser Erlöser geworden ist.

Gebet

Guter Gott, in der Feier meiner Taufe
hast du mich sichtbar angenommen.
Nichts und niemand kann diese heilige Verbindung
  lösen.
Du stehst zu mir und hilfst mir immer wieder auf.
Ich danke dir, daß du mich spüren läßt im Brot der
  Kommunion,
daß ich zur Gemeinschaft aller gehören darf,
die auf dich ihre Hoffnung setzen.
Führe du mich zur ewigen Gemeinschaft mit dir.
Amen.

Lied

Ich bin getauft und Gott geweiht (GL 635,3)

1. Fastensonntag

Lied

Sag ja zu mir, wenn alles nein sagt (GL 165,1.3)

Anrufung

- Gott, du schenkst uns erneut eine Zeit, um zur Besinnung zu finden.
- Im Blick auf Jesus, der den Weg vorausgegangen ist, haben wir Orientierung.
- Festige in uns die Glaubensgewißheit, daß wir von dir angenommen sind.

Schriftwort

Durch einen einzigen Menschen kam die Sünde in die Welt
und durch die Sünde der Tod.
Wie es durch die Übertretung eines einzigen
für alle Menschen zur Verurteilung kam,
so wird es auch durch die gerechte Tat eines einzigen
für alle Menschen zur Gerechtsprechung kommen,
die Leben gibt.
(Röm 5,12.18)

Gedanken zum Text

In der biblischen Figur des Adam steht uns der Teil unserer Erdenwirklichkeit vor Augen, daß wir alle Fehler machen. Jeder Mensch verstrickt sich im Laufe seines Lebens x-fach in Schuldzusammenhänge. Arg bedrückt ist, wer sich mit seinem eigenen Versagen unausweichlich konfrontiert sieht.

Mit Aschermittwoch hat die österliche Bußzeit begonnen. Sie soll Mut machen, gerade das Unansehnliche in unserem Leben, Versagen und Schuld, anzuschauen. Verdrängung unserer dunklen Seiten und Flucht in einen Unschuldswahn wird nie weiterführen.

Der hoffnungsvolle Gegenpol zu Adam ist Jesus Christus. Wenn wir unser menschliches Versagen ehrlich anschauen, treffen wir Jesus am Kreuz an. Dieser Blick ist schmerzlich, zugleich aber hoffnungsvoll. Im Gekreuzigten ist uns die beste Aussicht gegeben, weil Gott selbst drin ist in unserem Versagen. Und die Schuld hat nicht das letzte Wort!

HINFÜHRUNG

Jesus Christus hat sich eingelassen auf die lebenshemmenden und lebenzerstörenden Strukturen dieser Welt. Wer mit ihm verbunden ist, wird befreit von der Last seines Versagens.

GEBET

Barmherziger Gott, ich danke dir,
daß du mir in meiner Not so große Hoffnung gibst.
Ich darf mein Versagen annehmen,
weil du vor mir als Sünder nicht zurückscheust.
Du nimmst mir die Angst,
weil du mir nahegekommen bist in Jesus.
Auf dich, mein Gott, setze ich mein ganzes Vertrauen.
Ich bitte dich: Heile die Wunden meiner Seele,

laß mich gesunden nach deinem Willen
und laß mich zum Segen werden für meine Umge-
  bung.
Amen.

LIED

Sag ja zu mir, wenn alles nein sagt (GL 165,4)

2. Fastensonntag

LIED

Gott wohnt in einem Lichte (GL 290,1–2)

ANRUFUNG

- Gott, unser Alltag ist oft grau. Ein Tag gleicht dem anderen, und wir fühlen manche Last.
- Wir sehen, wenn wir ehrlich sind, daß wir uns oft vertun und daß wir fern sind von dir.
- Du wohnst in unzugänglichem Licht. Du kommst uns entgegen und belebst uns neu.

SCHRIFTWORT

Jesus nahm Petrus, Jakobus
und dessen Bruder Johannes beiseite
und führte sie auf einen hohen Berg.
Und er wurde vor ihren Augen verwandelt;
sein Gesicht leuchtete wie die Sonne,
und seine Kleider wurden blendend weiß wie das Licht.
Da erschienen plötzlich vor ihren Augen Mose und Elija
und redeten mit Jesus.
Und Petrus sagte zu ihm:
Herr, es ist gut, daß wir hier sind.
Wenn du willst, werde ich drei Hütten bauen.
(Mt 17,1–4)

Gedanken zum Text

Wir wissen, daß es nicht zu den drei Hütten gekommen ist.

Wir stehen erst am Anfang der Vorbereitungszeit auf Ostern, und schon blitzt heute im Evangelium »österliches Licht« auf. Die Erzählung von der Verklärung verdeutlicht, daß die Jünger im Umgang mit Jesus wahre Lichtblicke für ihr Leben hatten; sie ahnten in ihm das Göttliche. Doch obwohl sie täglich mit Jesus zusammen waren, lebten sie nicht im ständigen Hochgefühl der Erleuchtung.

Uns geht es nicht anders: Wie oft haben wir (Sie) schon tiefe und tragende Erfahrungen mit Gottes Nähe im (in Ihrem) Leben gemacht? Wer hat nicht schon wie Petrus das Bedürfnis verspürt, solch eine gute Erfahrung dauerhaft festhalten zu wollen!

Wir sind mit Jesus unterwegs, ein Leben lang. Gelegentlich gibt es Sternstunden im Glauben. Festhalten können wir diese nicht. Wohl aber können sie unsere Glaubenszuversicht stark machen, daß wir mit Jesus einmal ganz ins österliche Licht Gottes gelangen werden.

Hinführung

Jesus Christus verkörpert göttliches Licht für unser Leben. In ihm leuchtet die Gewißheit auf, daß wir erlöste Menschen sind.

Gebet

Gott im unzugänglichen Licht,
wir sehnen uns in dunklen Tagen der Krankheit

nach sicheren Zeichen, die uns Hoffnung geben.
Jesus ist für uns das verläßliche Zeichen deiner Nähe.
Wie die Jünger damals durch die Nähe zu ihm
lichtvolle Erfahrungen machen durften,
so schenke uns heute Kraft und Zuversicht
durch das Brot der Eucharistie.
Dafür und für alles, was unsere Dunkelheit erhellt,
sagen wir dir Dank.
Amen.

LIED

Gott wohnt in einem Lichte (GL 290,5)

3. Fastensonntag

Lied

Herr, deine Güt ist unbegrenzt (GL 289,1)

Anrufung

- Herr, ich weiß, du hast mir das Leben gegeben.
- Es fällt mir nicht leicht, in jeder Lebenssituation dazu ja zu sagen.
- Du bist auf die Erde gekommen, um die Menschen zu ermutigen, so auch mich.

Schriftwort

(Jesus sagte zu der Frau am Jakobsbrunnen):
Wer von diesem Wasser trinkt, wird wieder Durst bekommen;
Wer aber von dem Wasser trinkt, das ich ihm geben werde,
wird niemals mehr Durst haben;
vielmehr wird das Wasser, das ich ihm gebe,
in ihm zur sprudelnden Quelle werden,
deren Wasser ewiges Leben schenkt.
(Joh 4,13–14)

Gedanken zum Text

Wasser ist ein Lebenssymbol. Wer kein Wasser hat, ist chancenlos. Die Menschen im Orient wußten und wissen um diese elementare Wahrheit mehr als wir in dieser Hinsicht begünstigten Mitteleuropäer.
Auch Brot ist ein Lebenssymbol. Jesus selbst hat die-

ses Lebensmittel zum Zeichen seiner göttlichen Nähe gemacht. In unseren Breiten leben wir heutzutage so »brotreich«, daß hinsichtlich dieses Symboles die Gefahr der Abstumpfung besteht.

Gottesbegegnung ist kein magischer Vorgang. Es ist nicht das Wasser als solches – im Sakrament der Taufe ist es das zentrale Zeichen –, das uns ewiges Leben garantiert; es ist nicht das Brot als solches, das uns die Verbindung mit Gott zusichert. Es ist einzig und allein der Glaube an Jesus Christus, der sich uns in diesen Zeichen »be-greifbar« macht. Er selbst rührt unsere Sinne an, damit wir dem Leben wie einer Quelle in uns trauen. Selbst im Tod wird diese Quelle nicht versiegen.

Hinführung

Im Brot aus der Feier des eucharistischen Mahles wird Jesus für uns zu einer lebendigen Quelle.

Gebet

Gott, du bist die Quelle des Lebens.
Wie ein leeres Gefäß halte ich mich dir immer wieder hin.
Ich danke dir, daß du mich erfüllst mit der Gewißheit deiner Nähe.
Ich bitte dich, gib mir allezeit die Lebenskraft, die ich brauche,
damit ich auf meinem Weg nicht ermatte.
Amen.

Lied

Herr, deine Güt ist unbegrenzt (GL 289,2)

4. Fastensonntag

Lied

Aus tiefer Not schrei ich zu dir (GL 163,1)

Anrufung

- Du, mein Gott, kennst mein Denken und mein Tun.
- Oft war ich unfähig zu sehen, worauf es angekommen wäre.
- Ich vertraue dir und glaube, daß du meine Blindheit heilen kannst.

Schriftwort

Unterwegs sah Jesus einen Mann,
der seit seiner Geburt blind war.
Da fragten ihn seine Jünger:
Rabbi, wer hat gesündigt?
Er selbst?
Oder haben seine Eltern gesündigt,
so daß er blind geboren wurde?
Jesus antwortete:
Weder er noch seine Eltern haben gesündigt,
sondern das Wirken Gottes soll an ihm offenbar werden.
(Joh 9,1–3)

Gedanken zum Text

Es ist eine uralte Frage, die die Menschen bewegt: Woher kommt das Böse? Wie schnell sind Menschen be-

reit, sich gegenseitig dafür verantwortlich zu machen! Neben manchem unerklärlich Bösen in der Welt gibt es ja tatsächlich auch viel erklärlich Böses. Jeder von uns weiß das, wenn er über sein eigenes Tun und Lassen nachdenkt.
Jesus aber hält sich nicht mit Schuldzuweisungen auf. Er schaut darauf, aus Lebenshemmungen zu lösen, zu heilen. »Das Wirken Gottes« soll angesichts der Lebenseinschränkungen der Menschen »sichtbar werden«.
Vielleicht haben Sie im Leben Schulderfahrungen gemacht, sei es daß andere an Ihnen oder Sie an anderen schuldig geworden sind. Gott bleibt dabei nicht stehen.
Gott ist bereit, jeden aus der Blindheit seiner Schuld zu erlösen, wenn einer das nur möchte.
Darin blitzt schon heute etwas von dem auf, was die Osternacht feiert als »glückliche Schuld«, die unsere endgültige Erlösung begründet.

HINFÜHRUNG

Niemand muß in der Dunkelheit seiner Schuld bleiben. Das gläubige Vertrauen auf Jesus Christus heilt unsere Blindheit und macht bereit zur Vergebung.

GEBET

Jesus, du bist auch mein Heiland und Erlöser.
Du klagst nicht an.
Du nimmst mich an, wie ich bin.
Alle meine blinden Flecken kennst du.
Auch in den dunklen Tagen und Stunden meiner
   Krankheit willst du mir nahe sein.

Ich danke dir aus ganzem Herzen für dein Erbarmen.
Mach mich heil durch deine Nähe
und verlaß mich nicht.
Amen.

LIED

Aus tiefer Not schrei ich zu dir (GL 163,2)

5. Fastensonntag

LIED

Auf dich allein ich baue (GL 293,1)

ANRUFUNG

- Jesus, diese österliche Vorbereitungszeit soll mich immer mehr zu dir führen.
- Ich spüre in meinem Herzen, daß ich ohne dich keine Zukunft habe.
- Dir will ich mich anvertrauen in diesen Lebenstagen und in meinem Tod.

SCHRIFTWORT

(Jesu Freund Lazarus war gestorben.)
Marta sagte zu Jesus:
Herr, wärst du hier gewesen,
dann wäre mein Bruder nicht gestorben.
Jesus sagte zu ihr: Dein Bruder wird auferstehen.
Ich bin die Auferstehung und das Leben.
Er rief mit lauter Stimme: Lazarus, komm heraus!
Da kam der Verstorbene (aus dem Grab) heraus.
Jesus sagte zu ihnen:
Löst ihm die Binden,
und laßt ihn weggehen!
(Joh 11,21.23.25b.43b.44a.d–f)

Gedanken zum Text

Auch wenn es der modernen Medizin gelingen sollte, die Lebensdauer erheblich auszuweiten, sicher bleibt: Wir werden sterben. Kein Mensch wird den Tod je abschaffen können.

Obwohl wir das wissen, wehren wir uns dagegen, endlich zu sein. Das zeigt sich auch in den Worten der geschäftigen Marta, wenn sie Jesus seine Abwesenheit vorhält. Gleichzeitig spiegelt sich in ihren Worten: »Wärst du hier gewesen, wäre mein Bruder nicht gestorben«, eine gläubige Erwartung an Jesus. Ihm traut Marta zu, daß er Leben bewahren kann.

Jesu Antwort weist jedoch über jede irdische Erwartung hinaus. Sein göttliches Wort: »Ich bin die Auferstehung und das Leben« konfrontiert einen jeden ganz persönlich angesichts all der Dinge, die er einmal wird lassen müssen.

Durch Krankheit sind uns oft die Hände gebunden, eine schwere Erkrankung fesselt uns ans Bett. Zuletzt umfangen uns die Fesseln des Todes.

Gewiß im Glauben ist: Leben wird, wer auf die Auferstehung Jesu baut. Jesus ist Auferstehung und Leben. Durch ihn werden auch bei uns alle Fesseln gelöst wie bei Lazarus.

Hinführung

Jesus Christus, der die Auferstehung und das Leben ist, hat uns den Weg zum Leben bei Gott erschlossen.

GEBET

Jesus Christus, ich danke dir,
daß du mir durch dein Leben und durch deine
 Auferstehung aus dem Tod
so große Hoffnung und Zuversicht gibst.
Ich spüre im Herzen, daß ich eine große Zukunft
 habe,
auch wenn mich manches in meinem Leben fesselt
 und niederhält.
Ich weiß, mit deiner Hilfe werde ich die rechte
 Lösung finden.
Sei jeden Tag bei mir,
und nimm mich einmal hinein in das Leben,
das niemals endet.
Amen.

LIED

Auf dich allein ich baue (GL 293,3)

Palmsonntag

Lied

Singt dem König Freudenpsalmen (GL 854,1 [Eigenteil Bistum Würzburg])

Anrufung

- Jesus, du hast dich allen Widrigkeiten gestellt und bist sogar dem Leid nicht ausgewichen.
- Ganz bewußt bist du nach Jerusalem gegangen, um mein Erlöser zu werden.
- In Krankheit, Leid und Schmerzen bist du mit mir verbunden, damit ich dem Leben trauen kann.

Schriftwort

Christus war Gott gleich,
hielt aber nicht daran fest, wie Gott zu sein.
Er wurde den Menschen gleich.
Er erniedrigte sich
und war gehorsam bis zu Tod,
bis zum Tod am Kreuz.
Darum hat Gott ihn erhöht.
(Phil 2,6.7c.8.9a)

Gedanken zum Text

In den ersten Jahrhunderten hat man sich gar nicht getraut, Jesus als am Kreuz Gemarterten darzustellen. Die bildliche Darstellung des zu Tode Geschundenen

mit der Spottkrone aus Dornen schien schwer erträglich. Später dann in der Romanik zeigen die Kreuze einen Christus als König mit einer richtigen, mit Edelsteinen geschmückten Krone.
Christus aber ist König, weil er sich auf die dornigen Wege des menschlichen Lebens zutiefst eingelassen hat »bis zum Tod am Kreuz«.
Mit dem Palmsonntag beginnen wir die Karwoche. An deren Ende steht die Feier der Erhebung allen erniedrigten Lebens, die Auferweckung Jesu durch Gott.
Wer im Glauben wagt, den dornen- und schmerzgekrönten Jesus am Kreuz anzuschauen, kann darin den König und Garanten des ewigen Lebens erkennen.

HINFÜHRUNG

Jesus Christus, der sich für uns erniedrigt hat, wurde von Gott über alle erhöht. In seinem Weg liegt die Kraft für unser Leben.

GEBET

Jesus,
ich sehe dich nach Jerusalem gehen, zum Ort deines
  Leidens.
Dort hast du mit deinen Jüngern das Mahl gefeiert,
das auch mich heute mit dir verbindet.
Ich bitte dich,
sei mir nahe in allem, was mir zu schaffen macht.
Steh mir und allen bei,
die wie ich ihr Kreuz tragen müssen.
Führe alle, die auf dich ihre Hoffnung setzen,
hinein in die unbeschreibliche Fülle des Lebens, zum
  ewigen Osterfest.

Dir will ich danken, jetzt und in Ewigkeit.
Amen.

LIED

Singt dem König Freudenpsalmen (GL 854,4 [Eigenteil Bistum Würzburg])

Ostersonntag

Lied

Das ist der Tag, den Gott gemacht (GL 220,1–2)

Anrufung

- Jesus Christus, auferstanden vom Tod, du meine Freude und meine Zuversicht.
- Durch dich ist alles vernichtet, was meinem Leben die Hoffnung raubt.
- Bestärke in mir durch dein österliches Wunder einen tiefen Glauben.

Schriftwort

Wir alle, die wir auf Christus getauft wurden,
sind auf seinen Tod getauft.
Wir wurden mit ihm begraben durch die Taufe auf den Tod.
Wenn wir nämlich ihm gleich geworden sind in seinem Tod,
dann werden wir mit ihm
auch in seiner Auferstehung vereinigt sein.
(Röm 6,34a.5)

Gedanken zum Text

Das Osterfest ist eine Erinnerung an unsere Taufe. Seitdem sind wir unwiderruflich mit dem Leben Gottes verbunden. Keine noch so starke lebenswidrige Er-

fahrung, nicht einmal das Aus durch den Tod, wird uns diese Gewißheit nehmen können.
Der Osterglaube ist schlicht: Wer sich tagtäglich, im Guten wie auch im Schweren, auf Jesus Christus verläßt, wer versucht, nach seinen Kräften mit ihm verbunden zu handeln, der kann niemals untergehen.
Es werden wohl auch nach diesem Fest noch immer so manche Sorgen, Nöte und Ängste bleiben. Wer jedoch all das gläubig ins Grab Jesu legt, der wird Grab und Tod mit ihm durchschreiten und dort mit ihm das Leben finden.

HINFÜHRUNG

Durch Gottes Macht ist Jesus vom Tod erstanden. So hat er uns unvergängliches Leben erworben.

GEBET

Großer Gott,
deine Wunder für uns Menschen sind unbegreiflich.
Wir sehen das Leben, das du geschaffen hast,
durch so vieles bedroht.
In deinem Sohn Jesus Christus
hast du uns ein starkes Zeichen der Hoffnung
  gegeben.
Durch seine Auferweckung vom Tod hast du uns mit
  Gewißheit verbürgt,
daß uns das Leben geschenkt bleibt,
ja daß du es noch unendlich bereichern wirst.
Aus dankbarem Herzen sage ich ein frohes Halleluja.
Amen.

Lied

Das ist der Tag, den Gott gemacht (GL 220,3)

Segen

- Durch deine Taufe bist du hineingenommen in das Leben mit Gott.
- In Jesus Christus hat er dir seine Liebe gezeigt, die Krankheit und Tod überwindet.
- Durch die Feier seiner Auferstehung schenke er dir einen Glauben, der stärkt.
 So segne dich
 der Vater, der Sohn und der Heilige Geist. Amen.

2. Sonntag der Osterzeit

Lied

Preis dem Todesüberwinder (GL 856,1 [Eigenteil Bistum Würzburg])

Anrufung

- Jesus, wenn auch nicht begreifbar, so warst du nach deiner Auferstehung doch für deine Jünger da.
- Du bist den Deinen erschienen und hast mit ihnen das Brot gebrochen.
- Auch uns hast du schon von jungen Jahren an mit dem österlichen Brot beschenkt.

Schriftwort

Gepriesen sei
der Gott und Vater unseres Herrn Jesus Christus:
Er hat uns in seinem großen Erbarmen neu geboren,
damit wir durch die Auferstehung Jesu Christi von den Toten
eine lebendige Hoffnung haben.
Deshalb seid ihr voll Freude,
obwohl ihr jetzt vielleicht kurze Zeit
und unter mancherlei Prüfung leiden müßt.
Dadurch soll sich euer Glaube bewähren.
(1 Petr 3.6.7a)

Gedanken zum Text

Der Weiße Sonntag ist (wahrscheinlich) auch der Tag, an dem Sie zum ersten Mal zur Kommunion gegangen sind. Ein Tag mit persönlichen Erinnerungen und Gefühlen. Doch das ist lange her. Wie viele Kommunionen liegen dazwischen, zwischen damals und heute? Und was haben Ihnen diese Glaubensakte bedeutet?
Als Kinder haben wir wohl alle die tiefe Wahrheit des Glaubens noch nicht erfaßt, als Jugendliche manchmal vielleicht noch weniger und auch als Erwachsene nicht immer.
Mit dem Brot der Eucharistie essen wir, »einverleiben« wir uns eine Lebenswahrheit: Manch Schweres und Unergründliches im Leben ist als Prüfung anzusehen; doch in der Kommunion mit Christus – in vertrauensvoller Gemeinschaft mit ihm – haben wir die tiefe Gewißheit, daß nichts uns verderben kann.
Jeder Kommunionempfang hat genau dies bedeutet. Sind wir auch manchmal gedankenlos gewesen oder verschlossen, Gott wird nie aufhören, uns mit lebendiger Hoffnung zu beschenken.

Hinführung

Immer wieder bietet uns Gott seine Tischgemeinschaft an. In Jesus Christus kommt er uns nahe, um sich spürbar zu machen.

Gebet

Guter Gott, du bist Leben.
Alles, was ich bin, verdanke ich dir.

Alles, was mir gelungen ist in meinem Leben, ist dein
  Geschenk.
Ich danke dir dafür von ganzem Herzen.
Du kennst mich und weißt,
daß so manches bei mir auch zurückgeblieben ist
  hinter guten Vorsätzen.
Ich weiß, daß ich unvollkommen bin
und ganz und gar angewiesen auf dein Entgegenkommen.
Ich bitte: Laß mich weiterhin wachsen und reifen
durch die lebendige Hoffnung,
die uns allen gegeben ist
durch Jesus Christus.
Amen.

Lied

Preis dem Todesüberwinder (GL 856,5 [Eigenteil Bistum Würzburg])

3. Sonntag der Osterzeit

Lied

Dank sei dir, Vater, für das ewige Leben (GL 634,1–2)

Anrufung

- Manchmal ist es so kompliziert und aussichtslos, daß uns der Lebensmut schwindet.
- Wir geraten in Gefahr, zu jammern und in noch tiefere Sackgassen zu geraten.
- Doch auch dann läßt du uns nicht allein; gerade da gibst du dich zu erkennen

Schriftwort

(Die Emmausjünger)
sprachen miteinander über all das, was sich ereignet hatte.
Während sie redeten und ihre Gedanken austauschten,
kam Jesus hinzu und ging mit ihnen.
Doch sie waren wie mit Blindheit geschlagen,
so daß sie ihn nicht erkannten.
Und als er mit ihnen bei Tisch war,
nahm er das Brot, sprach den Lobpreis,
brach das Brot und gab es ihnen.
Da gingen ihnen die Augen auf.
(Lk 24,14–16.30–31a)

Gedanken zum Text

Blindheit: Wer kennt nicht die bohrende Warumfrage. Es ist die Frage, auf die es keine befriedigende Erklärung gibt: Warum ich? Warum diese Krankheit? Was habe ich falsch gemacht? Wer in dieser Frage gefangen ist, läuft Gefahr, blind zu werden für jede Perspektive im Leben.

Auch von Jesus am Kreuz kennen wir die Warum-Frage: »Mein Gott, *warum* hast du mich verlassen?« Es kann trösten zu wissen, daß Jesus in dunklen Stunden bei uns ist. Den zwei Emmausjüngern mit ihren hoffnungslos-depressiven Reden ist das spätestens in dem Augenblick klar geworden, als er mit ihnen und für sie das Brot brach.

Weil sich Jesus in seinem Kreuz ganz und gar Gott überlassen hat, ist er keine verbohrte Existenz. Vielmehr hat er den Durchbruch zum Leben geschafft. Im Brot aus der Dankesfeier an Gott will er jedem, der sich an ihn hält, den Durchbruch zum Leben ermöglichen.

Hinführung

Jesus naht sich uns wie seinen Jüngern, einfühlsam und ermutigend. Er bricht uns das Brot, damit uns hoffnungsvoll die Augen aufgehen.

Gebet

Wir danken dir, geheimnisvoller Gott,
weil du durch Jesus Christus in unser Leben trittst.
Oft sind unsere Augen gehalten, weil wir nicht mit
  dir rechnen.

Doch du hörst nicht auf, dich einzumischen,
so daß unser Herz auf dich hin in Bewegung kommt.
Wie deine Jünger damals haben wir auch heute die
  Gewißheit,
daß du mit uns auf dem Weg bist und bleibst
bis in den Abend unseres Lebens.
Wir glauben, daß du uns auch dann nie verlassen wirst.
Amen.

LIED

Mein schönste Zier und Kleinod bist (GL 559,3)

4. Sonntag der Osterzeit

Lied

Mein Hirt ist Gott, der Herr (GL 807,1 [Eigenteil Bistum Würzburg])

Anrufung

- Herr, unser Leben verlangt nach Orientierung und Halt. Zeig uns den Weg!
- Christus, schon oft haben wir uns vertan, und unserem Leben ist es nicht gut bekommen.
- Herr, keiner wird von dir endgültig abgeschrieben. Du bleibst offen für den Geringsten.

Schriftwort

Jesus sagte:
Amen, amen, ich sage euch:
Ich bin die Tür zu den Schafen.
Alle, die vor mir kamen, sind Diebe und Räuber;
aber die Schafe haben nicht auf sie gehört.
Ich bin die Tür;
wer durch mich hineingeht,
wird gerettet werden;
er wird ein- und ausgehen und Weide finden.
(*Joh 10,7–9*)

Gedanken zum Text

Das Bild von Jesus als dem Guten Hirten ist uns in vielen Schattierungen seit früher Kindheit als Trostbild im Glauben vertraut. Auch wenn ein Hirtenleben uns Heutigen doch eher fern, wenn nicht gar fremd ist, ahnen wir trotzdem, was dieses Bild vermitteln will: verantwortungsvolle Fürsorge. Im Bild sind es Tiere, für die der Hirte sorgt.
Viele Menschen sind wie willenlose Schafe. Schnell wenden sie sich dorthin, wo jemand »verlockendes Futter« verspricht. Nicht wenige laufen vordergründigen religiösen Scheinangeboten nach und finden doch nicht den Halt für ihre Seele, den sie ersehnen.
Jesus spricht ziemlich kompromißlos: Er empfiehlt sich deutlich und geradezu exklusiv als »die Tür«. Wer sich in einer Weise auf ihn einläßt, so daß er frei ist, bei ihm zu wohnen, d. h. bei ihm aus- und einzugehen, der findet Nahrung und Halt für seine Seele.
Ob ich dieser enorm hohen Garantie Jesu für mein Leben jederzeit traue?

Hinführung

Jesus ist Hirte so intensiv, daß er sich voll und ganz mit seinen Schafen identifiziert. Ja, er macht sich sogar selbst zum Lamm, das zum Opfer wird, damit die anderen das Leben haben.

Gebet

Jesus,
ein Unschuldslamm bin ich nicht
und war ich nicht mein Leben lang.

Du kennst mich bis in die letzte Einzelheit.
Und du hast Erbarmen mit mir.
Dafür danke ich dir.
Es tut meiner Seele gut, zu wissen und zu spüren,
daß du zu mir hältst.
Du gibst mir Raum bei dir und somit Raum bei Gott.
Ich bin ruhig und getröstet,
jetzt fest mit dir verbunden zu sein.
Bleib mir nahe und führe mich den Weg,
den ich gehen soll.
Amen.

Lied

Mein Hirt ist Gott, der Herr (GL 807,2 [Eigenteil Bistum Würzburg])

5. Sonntag der Osterzeit

Lied

Wir wollen alle fröhlich sein (GL 223,1–2)

Schriftwort

Jesus sprach zu seinen Jüngern:
Euer Herz lasse sich nicht verwirren.
Glaubt an Gott,
und glaubt an mich!
Im Hause meines Vaters gibt es viele Wohnungen.
Wenn ich gegangen bin und einen Platz für euch
   bereitet habe,
komme ich wieder
und werde euch zu mir holen,
damit auch ihr dort seid, wo ich bin.
(*Joh 14,1–2a.3*)

Auslegung

Diese Worte (wie das ganze Evangelium des heutigen Sonntags) gehören zu den sog. Abschiedsreden Jesu. »Na klar«, könnte man sagen, »vor seiner Himmelfahrt hat sich Jesus von den Jüngern verabschiedet«. Doch in Wirklichkeit hat der Evangelist diese Lehrstücke des Glaubens vor Ostern eingeordnet, genauer in die Abendmahlsszene.
Damit wird deutlich: Alles, was Jesus gesagt hat vom Himmel, vom Wohnen bei Gott, von erlöster Zukunft für uns, hat er gesagt in einer Situation, da er selbst im tiefen Schatten seines Leidens stand, wo alles ganz und gar angstvoll und bedrohlich für ihn war.

Und gerade da macht er uns Mut: »Euer Herz lasse sich nicht verwirren!« Dieses Wort der Ermutigung soll uns vor Augen sein, gerade wenn es schlimm um uns steht.
An ihn glauben wird zur Folge haben, daß wir mit ihm zur Fülle göttlichen Lebens kommen.

Hinführung

Jesus, du kommst auf uns zu. Du willst uns hineinnehmen in dein Leben, das nie vergeht.

Gebet

Gott,
alles Leben kommt von dir.
Immer wieder sind wir mit Ängsten konfrontiert
und wissen manchmal nicht, ob und wie es weitergeht.
In deinem geliebten Sohn bist du uns nahe gekommen.
Du willst, daß wir ihm vertrauen
und daß dieses Vertrauen in uns wächst.
Jesu Wort ist verläßlich, weil wir in ihm dein Wort
    erkennen.
Dafür und für alle österliche Zuversicht
wollen wir dir danken an allen Tagen unseres Lebens.
Amen.

Lied

Wir wollen alle fröhlich sein (GL 223,3–4)

6. Sonntag in der Osterzeit

LIED

Jesus, meine Freude (GL 970, 1 [Eigenteil Bistum Würzburg])

ANRUFUNG

- Jesus, durch dein Leben ist Gott in dieser Welt aufgeleuchtet.
- Du warst dir bewußt, ganz und gar in ihm geborgen zu sein.
- Wir haben keinen anderen Zugang zu Gott außer durch dich.

SCHRIFTWORT

Jesus sprach zu seinen Jüngern:
Wenn ihr mich liebt,
werdet ihr meine Gebote halten.
Ich werde euch nicht als Waisen zurücklassen,
sondern ich komme wieder zu euch.
An jenem Tag werdet ihr erkennen:
Ich bin in meinem Vater,
ihr seid in mir,
und ich bin in euch.
(*Joh 14,15.18.20*)

AUSLEGUNG

Wenn man jemanden liebt, dann ist es eigentlich selbstverständlich, ihm oder ihr zu Gefallen zu sein. Gedanken und Empfindungen kreisen ständig um den geliebten Menschen – gewissermaßen, um mit ihm Verbindung zu haben.
Diese Erfahrungsebene greift Jesus auf, wenn er sagt, daß das Halten seiner Gebote eine Art Liebesbeweis für ihn ist.
Einen Unterschied gibt es aber doch: Mit dem geliebten Menschen kann ich von Zeit zu Zeit zusammensein und seine Nähe erfahren. Das tut uns dann so gut. Aber mit Jesus?
Über weite Strecken des Lebens kann es sein, daß ich mich nach Erfahrungen seiner Nähe sehne, ihn aber doch nicht spüre. Gerade in sorgenvollen Tagen und Nächten kann das sehr schwer werden.
Aber selbst da traut uns Jesus immer noch zu, daß wir in Liebe zu ihm halten. Augenblicklich werden wir vielleicht nicht erfassen, was das bedeutet. Er verspricht jedoch, daß wir die sichere Erfahrung machen werden, über ihn in Gott gehalten zu sein.

HINFÜHRUNG

Im Brot seines Abendmahles hat uns Jesus Christus ein spürbares und bleibendes Zeichen seiner Liebe hinterlassen.

GEBET

Jesus,
um uns der bleibenden Liebe Gottes zu versichern,

hast du dich nicht geschont,
bist für uns in den Tod gegangen
und hast uns im österlichen Brot ein verläßliches
   Zeichen deiner Gegenwart gegeben.
Wir danken dir, daß wir dich haben.
Hilf uns, dir in guten und schweren Tagen die Treue
   zu bewahren
und in deiner Liebe zu bleiben,
bis wir die Fülle des Lebens erfahren am Ende
   unserer Zeit.
Amen.

Lied

Jesus meine Freude (GL 970, 3 [Eigenteil Bistum Würzburg])

7. Sonntag in der Osterzeit

Lied

Ihr Christen, hoch erfreuet euch (GL 229,1–2)

Anrufung

– Jesus, du hast als Mensch gelebt und zugleich in außerordentlicher Weise das Wirken Gottes verkörpert.
– An dir haben sich die Geister geschieden, und sie tun es bis auf den heutigen Tag.
– Du bist der erhöhte Christus; wer zu dir aufschaut, wird das Leben finden.

Schriftwort

Als Jesus in den Himmel aufgenommen war,
kehrten die Apostel vom Ölberg
nach Jerusalem zurück.
Als sie in die Stadt kamen,
gingen sie in das Obergemach hinauf,
wo sie nun ständig blieben.
Sie verharrten dort einmütig im Gebet.
(*Apg 1,12a.b.d.13a–c.14a*)

Gedanken zum Text

Das ist die Szenerie zwischen Himmelfahrt und Pfingsten. Liturgisch stehen wir genau in dieser Zeit: Vor drei Tagen hat die Kirche Himmelfahrt gefeiert, und

nach weiteren sechs Tagen wird das Pfingstfest sein. Für diese Zwischenzeit schildert die Bibel keine Erscheinungen des Auferstandenen mehr.
Interessant ist, daß sich die Jünger weiterhin genau an dem Ort »einmütig im Gebet« versammeln, den wir von Lukas als den Ort des Abendmahles kennen. Darin kann ein wichtiger Hinweis liegen:
Das Osterfest liegt schon wieder eine Weile zurück; der Glaubensalltag ist vielleicht ohne nennenswerte Höhepunkte. Sich innerlich aber immer wieder an den Ort zu begeben, wo sich Jesus im Zeichen des Abendmahles präsent gemacht hat, und dort »im Gebet zu verharren«, das wird auch heute zur Begegnung mit dem Pfingstgeist führen.

HINFÜHRUNG

Jesus, nach deiner Auferstehung bist du durch Gott in den Himmel erhöht worden; dennoch bist und bleibst du uns allezeit nahe.

GEBET

Unser Gott,
durch Auferstehung und Himmelfahrt deines Sohnes
hast du uns ein starkes Zeichen der Hoffnung
　gegeben.
Wie er lebt, so werden auch wir mit ihm leben,
weil es dein heiliger Wille ist.
Wir bitten dich um unerschütterliches Vertrauen und
　ausdauernde Geduld
durch all das, was du um unseretwillen an Jesus getan
　hast.
Für alle Erweise deiner Liebe

danken wir heute und alle Tage.
Amen.

Lied

Ihr Christen, hoch erfreuet auch (GL 229,3)

Pfingsten

Lied

Der Geist des Herrn erfüllt das All (GL 249,1)

Anrufung

- Gott, unser Vater, vor Anbeginn unserer Weltzeit schwebte dein schöpferischer Geist über dem Chaos der Urflut.
- In deiner Weisheit hast du die Welt geschaffen und alles geordnet, daß es gut ist.
- Du hast uns mit deinem heiligen Geist ausgestattet, damit wir in dieser Welt nach deinem Willen leben.

Schriftwort

Als der Pfingsttag gekommen war,
befanden sich alle am gleichen Ort.
Da kam plötzlich vom Himmel her ein Brausen,
wie wenn ein heftiger Sturm daherfährt,
und erfüllte das ganze Haus, in dem sie waren.
Und es erschienen ihnen Zungen wie von Feuer,
die sich verteilten;
auf jeden von ihnen ließ sich eine nieder.
(*Apg 2,1–3*)

Gedanken zum Text

Als Ort des Pfingstereignisses wird traditionellerweise der Abendmahlssaal angenommen. Wer kennt nicht

Darstellungen, auf denen die Jünger »einmütig im Gebet« zusammen mit Maria abgebildet sind. Die Feuerzungen über den Häuptern sind uns wohlvertraut.

Sich »am gleichen Ort« befinden, wie es hier heißt, das ist eine sehr wertvolle und kostbare Erfahrung. Gerade wer in einer Krankheit mit sich allein ist, empfindet es als wohltuend, wenn jemand weiteres mit ihm »am gleichen Ort« ist; sei es, daß er einen Besucher bei sich haben darf, oder auch, daß er von jemandem weiß, der mit ihm innerlich im Gebet verbunden ist.

Wo immer Menschen sich am »gleichen Ort einmütig« aufeinander einlassen, da ereignen sich Pfingstwunder.

HINFÜHRUNG

Alles, was uns in Wahrheit leben läßt, ist nicht von uns selbst gemacht. Alles, was uns leben läßt, ist gewirkt durch Gottes lebenschaffenden Geist.

GEBET

Guter Gott, ich danke dir,
daß du mich immer wieder neu belebst durch deinen heiligen Geist.
In ihm hast du mich bei meiner Taufe angenommen.
Durch ihn hast du mir deinen Beistand zugesagt in der Firmung.
Im Sakrament der Buße schenkst du mir durch die Kraft deines Geistes trostvoll Vergebung.
In jeder Kommunion läßt du mich erfahren, daß du bei mir bist.
Ich danke dir für deine Nähe in der Gemeinschaft deiner Kirche
und in all ihren Sakramenten. Amen.

LIED

Der Geist des Herrn erfüllt das All (GL 249,4)

SEGEN

– Gott hat die ganze Welt mit seinem Geist erfüllt; er belebe dich neu.
– Gott hat Jesus durch die Kraft seines Geistes aus dem Tod geholt; er gebe dir Zuversicht.
– Gott sei dir jederzeit mit dem Trost seines Geistes nahe.
  Es segne dich: der Vater, der Sohn und der Heilige Geist. Amen.

Dreifaltigkeitssonntag

LIED

Großer Gott, wir loben dich (GL 257,1.5)

ANRUFUNG

- Gott, durch Jesus Christus dürfen wir dich Vater nennen. Wir bekennen dich als den Schöpfer allen Seins.
- Jesus, Sohn des lebendigen Gottes und unser Bruder. Alles hat in dir seinen Bestand, du bist der Garant unserer Zukunft.
- Heiliger Geist, Gottes Kraft. Du belebst und leitest uns, bis wir hinfinden zu der Erfüllung, die Gott von Anfang an denen bereitet hat, die ihn lieben.

SCHRIFTWORT

Gott hat die Welt so geliebt,
daß er seinen einzigen Sohn hingab,
damit jeder, der an ihn glaubt,
nicht zugrunde geht,
sondern das ewige Leben hat.
(Joh 3,16)

AUSLEGUNG

Dieser kurze Text aus dem Johannesevangelium ist ein Bekenntnis zum dreifaltigen Gott. Kein Mensch hat Gott je gesehen, und schon gar nicht könnte ihn ein Mensch je beschreiben.

Der Glaube der Bibel lehrt uns, daß Gott zur Welt, die kein Zufall, sondern seine Schöpfung ist, in einer liebenden Beziehung steht. In der Person Jesu ist diese Liebe in unüberbietbarer Weise geschichtlich erfahrbar geworden. Nichts auf der Welt, auch unser Leben nicht, hätte Bestand, würde nicht Gottes unerschöpfliche Energie die Quelle dafür sein; in der Sprache biblischen Glaubens heißt sie Heiliger Geist.
Für jeden von uns bleibt Gott das große Geheimnis. Aber es ist trostvoll, sich immer wieder zu vergegenwärtigen: Er ist fürsorglicher für uns als der beste menschlich-denkbare Vater; er erweist sich verbindlicher als der liebste menschlich-denkbare Bruder; und er ist trostvoller in unserer persönlichen Not, als der treueste Mensch es je sein könnte.

HINFÜHRUNG

Der große und unbegreifliche Gott hat sich für uns begreifbar gemacht im heiligen Zeichen des eucharistischen Brotes.

GEBET

Gott, du unfaßbares Geheimnis.
So alt die Welt ist, fragen die Menschen nach dir
und suchen dich zu ergründen.
Für unseren Verstand bleibst du unzugänglich.
Aber unser Herz kann dich erfahren.
Aus Liebe hast du uns Menschen erschaffen und
   wirst nicht aufhören,
uns aus Liebe zu suchen.
Ich bitte dich um ein stets offenes Herz,
das bereit ist, sich von dir auch finden zu lassen.

Laß mich den Trost deiner Nähe erfahren,
damit ich meinen Weg gehen kann in glaubender
    Dankbarkeit und Zuversicht.
Amen.

Lied

Großer Gott, wir loben dich (GL 257,6–7)

1. Sonntag im Jahreskreis
(vgl. Taufe des Herrn, S. 32)

2. Sonntag im Jahreskreis

Lied

Wohl denen, die da wandeln (GL 614,1)

Anrufung

- Gott, gute Nachricht läßt du uns zukommen; doch manchmal trauen wir dem Guten nicht so recht.
- Das Ungute, das uns oft zu schaffen macht, ist dein Wille nicht; trotzdem sind wir von unfruchtbaren Gedankenabläufen nicht frei.
- Immer neu bietest du uns deine Versöhnung an; heilsam wirkst du auf uns ein.

Schriftwort

Paulus, durch Gottes Willen berufener Apostel
   Christi Jesu,
an die Kirche Gottes, die in Korinth ist,
– an die Geheiligten in Christus Jesus,
berufen als Heilige
mit allen, die den Namen Jesu Christi, unseres Herrn,
überall anrufen, bei ihnen und bei uns.
(*1 Kor 1,1a.2*)

Gedanken zum Text

»Geheiligte in Christus« nennt Paulus die Gemeindemitglieder in Korinth. Das ist in der Tat eine sehr ehrenhafte Bezeichnung. Denn gerade aus dem ersten Korintherbrief des Paulus, von dem dies die ersten Sätze sind, wissen wir, daß es dort damals gar nicht so heiligmäßig zuging. Mißstände in der sittlichen Lebensführung, fragwürdige Praktiken selbst in der Art, Gottesdienste zu feiern, hatten sich breitgemacht. Und trotzdem diese hochachtungsvolle Anrede!

In diesen Pauluswortenzeigt sich sozusagen etwas von der »Pädagogik Gottes«, von seiner grundsätzlichen Wertschätzung einem jeden Menschen gegenüber.

Das hat auch uns etwas zu sagen: Denn durch Christus sind wir alle unglaublich aufgewertet! »Heilige« sind wir, denn wir sind heute schon hineingenommen in eine unverbrüchliche Gottesbeziehung.

Kann das nicht Mut machen, gerade wenn man an sich selbst ungut zu tragen hat, weil man nicht so kann, wie man gerne möchte? Oder weil Krankheit einen mit der eigenen Unvollkommenheit konfrontiert oder gar mit menschlich-tragischer Ohnmacht? Oder auch, weil man unweigerlich spürt: Ich hätte da vielleicht noch etwas wiedergutzumachen, was unheil ist zwischen mir und einem anderen?

Hinführung

Entgegenkommend ist unser Gott. Wir sind seiner Zuwendung nicht würdig. Und dennoch kommt er uns entgegen in Jesus Christus.

GEBET

Heiliger Gott,
alle heiligst du, die auf dich vertrauen
und die bereit sind, mit dir die nächsten Schritte ihres Lebens zu wagen.
Ich danke dir, daß du mich gewürdigt hast,
am Mahl deines Sohnes teilzunehmen.
Wandle mich durch diese heilige Speise immer mehr in deinem Sinn,
damit ich so werde, wie du mich haben willst.
In dankbarer Verbundenheit mit dir nehme ich mir vor,
das zu ändern in meinen Beziehungen,
was ich nach deinem Willen ändern muß.
Bleibe mir nahe und führe mich zu einem Leben,
erfüllt von deinem Frieden.
Amen.

LIED

Wohl denen, die da wandeln (GL 614,2)

3. Sonntag im Jahreskreis

LIED

O Jesu Christe, wahres Licht (GL 643,1–2)

ANRUFUNG

- Jesus Christus, du bist das Licht der Welt, das jeden Menschen erleuchtet.
- Erleuchte uns durch deiner Wahrheit, wo wir Gefahr laufen, dem Irrtum zu verfallen.
- Öffne unsere Sinne für deine Frohe Botschaft.

SCHRIFTWORT

Jesus verließ Nazaret,
um in Kafarnaum zu wohnen, das am See liegt,
im Gebiet von Sebulon und Naftali.
Denn es sollte sich erfüllen,
was durch den Propheten Jesaja gesagt worden ist:
Das Volk, das im Dunkel lebte,
hat ein helles Licht gesehen.
Von da an begann Jesus zu verkünden: Kehrt um!
Denn das Himmelreich ist nahe.
(*Mt 4,13–14.16a–b.17*)

GEDANKEN ZUM TEXT

Aus Jerusalemer Sicht haben die Leute in Galiäa kein besonderes Ansehen. Sie waren so etwas Ähnliches wie heilsgeschichtliche Hinterwäldler. Das ist gemeint, wenn sie als »Volk im Dunkel« bezeichnet werden. Der Grund für diese abschätzige Sicht lag darin, daß im Laufe der Geschichte durch Teildeportationen Einheimischer und Ansiedlung fremder Volksstämme eine Mischbevölkerung entstanden war, die auch religiös nicht so recht tempeltreu war. Wir kennen auch über Jesus solch abschätziges Denken: »Kann denn aus Nazaret etwas Gutes kommen?«

Aber gerade dort tritt Jesus auf, wo es – menschlich gesehen – am dunkelsten ist. Gegen alle menschlich-besserwisserischen Vorurteile verkündet er gerade dort die Botschaft: »Das Himmelreich ist nahe.«

Für mich heißt das: Dunkle Flecken in meinem Leben, mangelndes Gottvertrauen bisher, auch fragwürdige Versuche, mein Heil aus religiösen Versatzstücken zusammenzubasteln, die dem biblischen Glauben fremd sind, werden in sich zusammenfallen und nichtig, wenn ich mich nur Jesus entschieden zuwende. Er wird Licht und Klarheit auch in meine Orientierungslosigkeit bringen.

Hinführung

In Jesus ist der Welt das Licht aufgegangen, das jede Angst und Dunkelheit des Lebens überwinden wird.

Gebet

Herr und Gott, wir danken dir,
daß du das wahre Licht unseres Lebens bist, das nie verlischt.
Gib uns einen tiefen Glauben, aus dem wir Halt gewinnen

und der uns hoffnungsvolle Orientierung in jeder
    Lebenslage ist.
Amen.

LIED

O Jesu Christe, wahres Licht (GL 643,4–5)

4. Sonntag im Jahreskreis

Lied

Selig seid ihr, wenn ihr einfach lebt (GL 993,1 [Eigenteil Bistum Würzbug])

Anrufung

- Jesus, du hast durch dein Leben ein Zeugnis der Einfachheit gegeben.
- Du weißt, womit wir unser Leben belasten, so daß es uns nicht gut tut.
- Hilf uns zu erkennen, wo wir uns zu lösen haben und wie wir frei werden können.

Schriftwort

Seht auf euere Berufung, Brüder (und Schwestern)!
Da sind nicht viele Weise im irdischen Sinn,
nicht viele Mächtige, nicht viele Vornehme,
sondern das Törichte in der Welt hat Gott erwählt,
um die Weisen zuschanden zu machen.
Und das Niedrige in der Welt und das Verachtete hat
 Gott erwählt,
das, was nichts ist,
um das, was etwas ist, zu vernichten,
damit kein Mensch sich rühmen kann vor Gott.
(*1 Kor 1,26–27b.28–29*)

Gedanken zum Text

Die Schule Gottes ist wohl, daß sie alle Weltweisheit auf den Kopf stellt.
»Du mußt loslassen«, ist eine oft zu hörende Gegenwartsfloskel. Vielleicht ist sie entstanden aus der Erkenntnis, daß wir alle viel zuviel auf dem Buckel haben. Etwas wirklich loszulassen ist ja gar nicht leicht. Wir Menschen haben ein eigenartiges Sicherheitsbestreben, das sehr stark auf Ansehen durch materielle Grundlagen setzt. Die uralte »Hast-du-was-bist-du-was-Parole« gilt nach wie vor!
Und trotzdem kann man damit an einen Punkt kommen, wo das alles in sich zusammenfällt wie ein Kartenhaus. Vielleicht ist es sogar zwangsläufig so!
So hart die Erkenntnis ist: Krankheit kann wehrlos machen und einem alle bisherigen Lebensmöglichkeiten aus der Hand nehmen. Vom Tod heißt es noch nüchterner: Das letzte Hemd hat keine Taschen.
Was uns allen bleiben wird, ist: Ruhmlos werden wir uns Gott überlassen müssen. Allein in diesem Akt von Selbstaufgabe liegt unser Heil begründet.

Hinführung

Im Blick auf Jesus Christus erkennen wir die Weisheit Gottes. Er ist er arm geworden für uns, damit wir den Weg zum Leben finden.

Gebet

Gott, es ist gut,
daß du mir in dieser Stunde so nahe kommst.
Nur in dir finde ich Halt,

wenn mir meine vermeintlichen Sicherheiten
    wegbrechen
und Unsicherheit mich gefangenzunehmen droht.
Immer mehr will ich dir vertrauen durch Jesus
    Christus.
Zugleich bitte ich:
Laß die Hoffnung in mir nicht schwinden,
daß du mich in meiner Armseligkeit ganz und gar
    annehmen wirst.
Dafür will ich dir danken, solange ich lebe.
Amen.

LIED

Selig seid ihr, wenn ihr einfach lebt (GL 993,2 [Eigenteil Bistum Würzburg])

5. Sonntag im Jahreskreis

Lied

Mir nach spricht Christus, unser Held (GL 616,1)

Anrufung

- Mit den Worten unseres Glaubens bekennen wir, daß wir erlöst sind; oft aber tun wir so, als müßten wir uns selbst erlösen.
- Einem jeden sind bestimmte Lebensumstände zugemutet; doch innere Unzufriedenheit zeigt an, daß wir das alles nicht so recht annehmen können.
- Ohne die Gewißheit deiner Nähe, guter Gott, kommen wir nicht zurecht; komm und zeige uns den Weg.

Schriftwort

Als ich zu euch kam, Brüder (und Schwestern),
kam ich nicht, um glänzende Reden
oder gelehrte Weisheit vorzutragen.
Denn ich hatte mich entschlossen,
bei euch nichts zu wissen außer Christus,
und zwar als den Gekreuzigten.
Meine Botschaft und Verkündigung war nicht Überredung,
damit sich euer Glaube nicht auf Menschenweisheit stützte,
sondern auf die Kraft Gottes.
(*1 Kor 2,1a–c.2.4a.5*)

Gedanken zum Text

Es gibt viele ältere Menschen, die ihre Kinder früher nach bestem Wissen und Gewissen erzogen haben und die heute enttäuscht sind, weil diese in religiöser Hinsicht andere Verhaltensweisen an den Tag legen, als sie selber es für richtig halten. Nicht wenige Eltern oder Großeltern leiden darunter, daß ihre jungen Leute nicht mehr (regelmäßig) in die Kirche gehen.
Das ist genau der Punkt, wo alle Überredungskunst offensichtlich nichts bewirkt, und Schimpfen schon gleich gar nichts. Was kann man denn da noch machen?
Nichts anderes als Paulus auch! Aus seinen Briefen wissen wir, daß er in allen persönlichen Ratlosigkeiten immer wieder das Kreuz im Blick hatte. Dies hat ihn gelehrt, daß Gott zu einer Zeit zu handeln weiß, da Menschenlogik nichts mehr ausrichtet.
Wir werden also gut daran tun, alles zum Kreuz Jesu hinzutragen, was uns sprachlos und ratlos macht.

Hinführung

Durch sein Kreuz hat sich Jesus menschlicher Ohnmacht ausgeliefert. Damit hat er uns vor Augen geführt, daß sich auch in uns Gottes Kraft als mächtig erweisen wird.

Gebet

Jesus, Gottes Sohn,
   es fällt mir nicht leicht, zur Ohnmacht des Kreuzes ja zu sagen.
Doch ich vertraue auf die Zusage deiner Nähe.

Du wirst mir helfen, all das anzunehmen,
was mir noch immer schwerfällt.
Durch dein Ja zum Willen Gottes
ist das Kreuz zum Zeichen des Segens geworden.
Ich bitte dich, segne mich und segne die Meinen.
Für alle deine Zuwendung danke ich dir.
Amen.

LIED

Mir nach spricht Christus, unser Held (GL 616,2)

6. Sonntag im Jahreskreis

Lied

Hilf, Herr meines Lebens (GL 622,1–2)

Anrufung

- Gott, du hast deinen Sohn in die Welt gesandt, damit er heile, was verwundet ist.
- Jesus, du hast dich eingelassen auf menschliche Spannungen und Zerstrittenheit.
- Gottes Geist, bewege du die Herzen der Menschen und bewirke Versöhnung und Eintracht.

Schriftwort

Jesus sagt:
Schließ ohne Zögern Frieden mit deinem Gegner,
solange du noch mit ihm auf dem Weg zum Gericht bist.
Sonst wird dich dein Gegner vor den Richter bringen,
und der Richter wird dich dem Gerichtsdiener übergeben,
und du wirst ins Gefängnis geworfen.
Amen, das sage ich dir:
Du kommst dort nicht heraus,
bis du den letzten Pfennig bezahlt hast.
(*Mt 5,25–26*)

Gedanken zum Text

Das sind Worte Jesu aus seiner Bergpredigt. Solche radikalen Worte rühren an die Wurzel unserer Lebenseinstellungen, von denen wir meist meinen, sie seien durchaus in Ordnung.
Wer hat nicht schon erleben müssen, daß ein anderer an ihm schuldig geworden ist? Daraus kann eine Haltung erwachsen, sich dem anderen überlegen zu fühlen: Der hat zuerst zu kommen! Genau diese scheinbar angemessene Haltung fragt Jesus an.
Ja, aber wenn ich doch Recht habe!? Mit dieser Rechthabe-Haltung kommst du vor Gott nicht durch. Jesus ist radikal in dem, was menschliche Beziehungen angeht. Er hält mich an, alles, aber auch alles zu versuchen, damit Beziehungen wieder in Ordnung kommen können.
Orientierung an Jesus hat tatsächlich Änderung so mancher Lebenseinstellung zur Folge.

Hinführung

Jesu Sendung war, alle Unversöhntheit der Menschen zu heilen und die ganze Welt mit Gott zu versöhnen.

Gebet

Jesus Christus,
durch deine Gute Nachricht sind wir nicht orientierungslos.
Du hast dich bis zum Letzten eingesetzt,
um uns glaubwürdig und überzeugend nahezubringen,
daß wir in Gott versöhnte Geschöpfe sind.

Diese Wahrheit ist der Grund unserer Hoffnung
und erfüllt uns mit Dank.
Wandle du uns,
damit auch wir immer versöhnter miteinander umgehen können;
dann werden wir schon in diesen Tagen etwas von dem erfahren,
was uns auf ewig verheißen ist.
Amen.

Lied

Hilf, Herr meines Lebens (GL 622,3.5)

7. Sonntag im Jahreskreis

LIED

Herr, unser Herr, wie bist du zugegen (GL 298,1.3)

ANRUFUNG

- Gott, du bist nicht irgendwo außerhalb unserer Welt; du bist da und trägst unser Leben.
- In allem sind wir auf dich angewiesen, denn ohne dich bringen wir nichts Gutes zustande.
- Laß uns aufs neue Nähe spüren und hilf, daß wir in allen Anforderungen bestehen können.

SCHRIFTWORT

Brüder und Schwestern!
Wißt ihr nicht, daß ihr Gottes Tempel seid
und der Geist Gottes in euch wohnt?
Wer den Tempel Gottes verdirbt,
den wird Gott verderben.
Denn der Tempel Gottes ist heilig,
und der seid ihr.
(1 Kor 3,16–17)

GEDANKEN ZUM TEXT

Aus diesen Worten der Heiligen Schrift spricht eine solch hohe Achtung vor dem menschlichen Leben, daß man geradezu in ehrfürchtiges Nachdenken kommen muß. Wie anders wäre doch der unmittelbare

Umgang der Menschen untereinander und die zwischenmenschliche Atmosphäre weltweit, würde diese Wahrheit wirklich beherzigt! Mit anderen Worten heißt das: Jeder andere Mensch ist so wertvoll wie ich, weil Gott in ihm wohnt. Das haben wir manchmal schlichtweg vergessen, weil wir zu selten (oder gar nicht) davon ausgehen, daß Gott in uns selbst anwesend ist.
Jeder Kommunionempfang verdeutlicht diese große Wahrheit aufs Neue. Gott kommt zu mir als in sein Heiligtum.
Da können wir nur betend sagen: Herr, mach mich würdig, dich ehrfurchtsvoll aufzunehmen. Und bewirke in mir, daß ich anderen Menschen ebenso achtungsvoll begegne.

Hinführung

Gott selbst hat alles menschliche Leben geheiligt, indem er es in Jesus Christus vorbehaltlos angenommen hat.

Gebet

Guter Gott,
du machst mich mir selbst wert, indem du zu mir kommst
und mich deiner steten Nähe versicherst.
Ich bitte dich, hilf mir in allem,
was mir zu schaffen macht.
Sei du meine Kraft, wo ich schwach bin.
Sei du meine Zuversicht,
wenn ich manchmal nicht mehr so recht sehen kann,
  wie es weitergeht.

Ich danke dir auch für alle menschliche Hilfe,
die ich erfahren darf und in der ich erkenne
daß du es bist, der mich nicht allein läßt.
Sei und bleibe allen nahe, die auf deinen Beistand
 hoffen.
Amen.

Lied

Herr, unser Herr, wie bist du zugegen (GL 298,4–5)

8. Sonntag im Jahreskreis

LIED

Lobe den Herren (GL 258,1.3)

ANRUFUNG

- Herr, unser Lob kann deine Größe nicht mehren; doch wandelt es unser Herz zum Guten.
- Du läßt dich von uns finden in jedem Gebet des Vertrauens.
- Mache uns stark durch deine Nähe und schenke uns einen unerschütterlichen Glauben.

SCHRIFTWORT

Zion sagt: Der Herr hat mich verlassen,
Gott hat mich vergessen.
Kann denn eine Frau ihr Kindlein vergessen,
eine Mutter ihren leiblichen Sohn?
Und selbst wenn sie ihn vergessen würde:
Ich vergesse dich nicht
– Spruch des Herrn.
(Jes 49,14–15)

GEDANKEN ZUM TEXT

Ob wir nun wollen oder nicht: Herkömmlich ist die landläufige Vorstellung von Gott meist männlich besetzt. Das hängt sicher mit der Anrede »Vater« zusammen. Hier bei Jesaja zeigt sich eine weibliche Vorstellung von Gott. Freilich darf Gott auf kein Geschlecht festgelegt werden. Aber was uns hier entgegentritt, ist ein sehr starkes Bild, das Mut macht.

Zions Klage rührt an die mögliche menschliche Erfahrung, sich gottverlassen vorzukommen. Vielleicht haben Sie solch eine schmerzliche Erfahrung auch schon selbst machen müssen.

Die intensivste Beziehung, die es unter Menschen gibt, ist die natürliche Mutter-Kind-Bindung. Daran orientiert, versichert Gott: Seine Bindung zu uns Menschen ist noch viel verläßlicher. Das ist wahrhaft eine starke Zusage!

Konkret heißt das: Aus Gottes Liebe kann ich gar nicht herausfallen. Selbst wenn Verlassenheitsgefühle mir zusetzen, er wird mich nicht vergessen.

Hinführung

In Jesus Christus ist Gott uns mehr als hautnah gekommen. Er beschenkt uns mit seinem Leben.

Gebet

Guter Gott,
ich danke dir für deine trostvolle Nähe.
Ich bitte dich, bleibe allezeit bei mir.
Erhalte in mir die Gewißheit deiner Gegenwart,
damit ich gerade die schweren Stunden
meines Lebens bestehe.
Stets will ich dir darin vertrauen
daß du mir nicht mehr zumutest,
als ich mit deiner Gnade tragen kann. Amen.

Lied

Lobe den Herren (GL 258,4)

9. Sonntag im Jahreskreis

LIED

Auf dich allein ich baue (GL 293,1)

ANRUFUNG

– Gott, du bist der feste Grund, auf dem wir stehen.
– In Jesus Christus richtest du uns auf, wenn wir fallen.
– Durch deinen Geist machst du unser Leben stark.

SCHRIFTWORT

Wer meine Worte hört und danach handelt,
ist wie ein kluger Mann, der sein Haus auf Fels baute.
Als nun ein Wolkenbruch kam,
und die Wassermassen heranfluteten,
als die Stürme tobten und an dem Haus rüttelten,
da stürzte es nicht ein;
denn es war auf Fels gebaut.
(*Mt 7,24–25*)

GEDANKEN ZUM TEXT

Hiermit ist unser Lebenshaus gemeint. Es kann die Krise einer schweren Krankheit sein, die droht, alles aus den Fugen geraten zu lassen, was einem bisher fraglos sicher schien. Selbst der Glaube, der einem über all die Jahre wertvoll und tragfähig war, kann arg in Erschütterung geraten.
Jesus rührt mit diesem Bild an die Fundamente unseres persönlichen Gottvertrauens. Sich von Gott getra-

gen zu fühlen, wenn alles einigermaßen aufgeht im Leben, das scheint im tiefsten ja auch kein Problem zu sein. Ob aber darin schon der tragfähige Grund wahren Gottvertrauens erwiesen ist?
Allein eine feste Bindung an Jesus, bis hinein in nicht verstehbare Zumutungen des Lebens, wird erweisen, ob mein Lebenshaus auf dem unerschütterlichen Fels des Glaubens steht.

HINFÜHRUNG

Wir können mit Gewißheit Jesus vertrauen: durch ihn ist unser Leben fest gegründet in Gott.

GEBET

Jesus,
du gehst uns voraus in allen Unsicherheiten und Ängsten.
Wenn Stürme unser Lebenshaus erschüttern und bedrohen,
dann haben wir in dir die Gewähr, daß wir nicht untergehen.
Wir danken dir, daß du dich auf unser Leben eingelassen hast.
Durch dich allein haben wir festen Grund.
Stärke in uns und in allen, die nach festem Halt suchen, die Gnade tiefen Gottvertrauens.
Amen.

LIED

Auf dich allein ich baue (GL 293,2)

10. Sonntag im Jahreskreis

Lied

Herr, gib uns Mut zum Hören (GL 521,1)

Anrufung

- Gott, du wendest dich uns zu und gibst unserem Leben neue Impulse.
- Öffne du unsere Herzen, damit wir hören, was du uns sagen willst.
- Dein Wort ist Licht und Leben auf unserem Weg.

Schriftwort

Jesus sagte:
Nicht die Gesunden brauchen den Arzt,
sondern die Kranken.
Ich bin gekommen, um die Sünder zu rufen,
nicht die Gerechten.
(*Mt 9,12.b13c*)

Gedanken zum Text

In den Zeiten der Krankheit denkt man über etliches nach. Bei so manchem, was einem dann in den Sinn kommt, fragt man sich auch: »Hab' ich da richtig gehandelt?« Mitunter gibt es vielleicht auch die schmerzliche Einsicht: »Das hab' ich falsch gemacht!« Es ist eigenartig: In gesunden Tagen denkt man meist weniger über fragwürdige Zusammenhänge nach. Immer wieder kommt es vor, daß man Dinge tut, die nicht gut sind oder durch die vielleicht jemand auch gekränkt wird; aber ohne große Skrupel fährt man in der Tagesordnung fort.

Man kann Jesu Wort von den Kranken, die den Arzt brauchen, durchaus auch mal so sehen: Zeiten der Lebensreflexion während einer Krankheitsphase haben etwas Heilsames. Jede Erkenntnis, etwas ändern zu müssen, ist sozusagen ein Heil-Impuls von Gott her. Es gibt ja die Möglichkeit, es besser zu machen; denn bei Gott hat der Sünder immer eine Chance!

Hinführung

Jesus Christus, Gottes lebendiges Wort, befreit uns aus unguten Verstrickungen und orientiert uns neu.

Gebet

Gott, du liebst nicht die Sünde.
Den Sünder aber liebst du
und führst ihn heraus aus seinen Wirrungen.
Wir danken dir, daß du uns in Jesus glaubhaft
  versichert hast,
daß wir angesichts unserer Fehler und Schwächen
bei dir nicht abgeschrieben sind.
Heile uns von allem, womit wir unser Leben
zu unserem und unserer Mitmenschen Schaden
  belastet haben,
und schenke uns Gesundheit an Seele und Leib.
Amen.

Lied

Herr, gib uns Mut zum Hören (GL 521,1–2)

11. Sonntag im Jahreskreis

Lied

Mein Hirt ist Gott der Herr (GL 807,1 [Eigenteil Bistum Würzburg])

Anrufung

- Wenn unser Leben die gesunde Mitte verliert, spüren wir, wie sehr wir auf dich angewiesen sind.
- Doch in Liebe und Geduld gehst du allem Verlorenen nach und holst es zurück.
- Deiner Führung wollen wir trauen, weil du den Weg zum Leben weist.

Schriftwort

Als Jesus die vielen Menschen sah,
hatte er Mitleid mit ihnen;
denn sie waren müde und erschöpft
wie Schafe, die keinen Hirten haben.
Jesus sandte die Zwölf aus
und gebot ihnen:
Geht zu den verlorenen Schafen des Hauses Israel.
(*Mt 9,36;10,5a.6*)

Gedanken zum Text

Den meisten Menschen heutzutage liegt die Realität des Hirtenlebens und der Umgang mit Schafen doch ziemlich fern. Und die kirchliche Rede von den Amtsträgern als Hirten und den Gemeindemitgliedern als Schafen führt eher zu einer leicht ironischen Reaktion als zu Zutrauen.

Selbstverständlich kennen wir alle von klein auf die biblischen Bilder, wie das von Jesus als dem Guten Hirten.

Hirtenalltag damals wie heute bedeutet, nicht nur eine Herde als ganze, sondern vielmehr das einzelne Schaf mit all seinen Bedürfnissen genau im Blick haben. Da frißt eines nicht – warum? Da hinkt ein anderes – was hat es?

Im Bild vom Hirten und der ihm anvertrauten Herde wird schon im Alten Testament die verbindliche Fürsorge Gottes für sein Volk zum Ausdruck gebracht. Genau in dieser Sendung steht Jesus.

Indem Jesus dieses Bild aufgreift, will er uns zusichern: Ich kümmere mich um euere Bedürfnisse, und ich beziehe Menschen mit ein, die für euch da sind.

HINFÜHRUNG

Jesus sah die vielen Menschen in ihrer Not und hatte Mitleid. Er hat auch Erbarmen mit unserer Not.

GEBET

Ich danke dir, Jesus Christus,
daß ich mit meinen persönlichen Sorgen zu dir kommen kann
und daß du dich um mich kümmerst.
Du kennst meine Bedürftigkeit,
    du weißt um alle meine Ängste und Sorgen.
Ich bitte dich, heile die Verwundungen meines
    Herzens.

Dir vertraue ich mein Leben an,
   weil ich mich bei dir geborgen weiß
an allen Tagen meines Lebens
   und in Ewigkeit.
Amen.

LIED

Mein Hirt ist Gott der Herr (GL 807,2 [Eigenteil Bistum Würzburg])

12. Sonntag im Jahreskreis

Lied

Gott wohnt in einem Lichte (GL 290,1)

Anrufung

- Gott, du bist unser Vater und sorgst für uns in jeder Lebenslage.
- Dein Sohn Jesus Christus hat deine Liebe zu uns kundgetan.
- Du belebst uns durch deinen Geist, damit wir Leben in Fülle haben.

Schriftwort

(Jesus sagt:)
Verkauft man nicht zwei Spatzen für ein paar Pfennig?
Und doch fällt keiner von ihnen zur Erde
ohne den Willen eures Vaters.
Bei euch aber sind sogar die Haare auf dem Kopf alle gezählt.
Fürchtet euch also nicht!
Ihr seid mehr wert als viele Spatzen.
(*Mt 10,29–31*)

Gedanken zum Text

Gottvertrauen ist das Thema dieser biblischen Sätze. Wie steht es denn mit meinem Gottvertrauen? Kann ich von mir sagen, daß ich zu den Menschen gehören darf, die ein »unerschütterliches Gottvertrauen« haben? Es gibt ja Menschen, die derart gesegnet sind.

Blickt man einmal in den nächtlichen Sternenhimmel und denkt dabei darüber nach, daß und wie das alles so reibungslos funktioniert dort oben, dann kann man schon ins Staunen kommen.
Viel banaler noch drückt es Jesus aus: Kein Spatz fällt zur Erde, ohne daß Gott es will. Ja nicht einmal eines unserer Haare gerät Gott aus dem Blick.
Wie wichtig muß ihm dann erst mein Leben sein, das von ihm kommt. Er wird es gewiß nicht verderben lassen!

HINFÜHRUNG

Gott hat die Welt und unser Leben geschaffen. So oft haben wir uns von ihm abgewandt. Er aber hört nicht auf, uns zu lieben in seinem Sohn.

GEBET

Großer Gott,
du übersteigst unser Begreifen,
und leichtfertig laufen wir Gefahr, dich zu verkennen.
Doch machst du dich für uns konkret
im Geheimnis eines kleinen Stückchen Brotes.
In Jesus bist du uns Lebensmittel geworden,
damit wir neu und tief Vertrauen zu dir fassen können.
Wir danken dir für deine Liebe zu uns Menschen,
die du nie zurückziehen wirst.
Erhalte in uns das Staunen und die Achtung vor allem,
was du für uns getan hast
und weiterhin tun wirst. Amen.

LIED

Gott wohnt in einem Lichte (GL 290,3)

13. Sonntag im Jahreskreis

Lied

Mir nach spricht Christus, unser Held (GL 616,1)

Anrufung

- Herr Jesus Christus, du bist gekommen, damit wir nicht alleine sind in Trostlosigkeit und Seelennot.
- Du bist immer da und gehst jeden Weg mit uns, damit wir nicht gottverlassen sind.
- Du wirbst um unser Vertrauen, den Weg mit dir zu gehen, damit wir zum Ziel des Lebens finden.

Schriftwort

(Jesus sagt:)
Wer nicht sein Kreuz auf sich nimmt und mir nachfolgt,
ist meiner nicht würdig.
Wer das Leben gewinnen will,
wird es verlieren;
wer aber das Leben um meinetwillen verliert,
wird es gewinnen.
(*Mt 10, 38–39*)

Gedanken zum Text

Diese Worte Jesu bedeuten eine bleibende Herausforderung. Die schmecken nicht so ohne weiteres. Denn wer reißt sich schon freiwillig um Kreuz und Leid?

Es gibt Menschen, die Kreuze in ihrer Lebensumgebung gar nicht (mehr) ertragen können und wollen. Dabei macht das Kreuz eine ganz elementare Lebenswahrheit deutlich – auch für Nichtchristen: Irgendwann und irgendwo hat alles, was Menschen zustande bringen, seine zeitliche Begrenztheit. Nichts von dem, was wir auf die Beine stellen und vielleicht als unser Werk bewundern, bleibt über diese Zeit hinaus.
Es ist die Kernbotschaft unseres christlichen Glaubens: Nur das Sich-ganz-auf-Gott-Verlassen hat Bestand über diese Zeit hinaus.
Das ist eine nüchterne Botschaft. Wenn wir auf Jesus am Kreuz schauen und auf seine Botschaft, dann sehen wir nichts anderes. Wer möchte nicht »das Leben gewinnen«, das für immer bleibt? Jeder Mensch möchte das. Der Weg dorthin ist aber wohl nur über einen Reifungsprozeß möglich; und der heißt »Kreuz«.

Hinführung

Jesus Christus ist vom Himmel gekommen; er hat durch sein Kreuz alles Leid der Welt auf sich genommen, damit wir das Leben haben.

Gebet

Jesus,
vor dem Kreuz in unserem Leben fürchten wir uns.
Ob wir in alldem, was uns im Leben schwer
　ankommt und zu schaffen macht,
dein Kreuz erkennen können?
Du hast uns versprochen, uns nicht allein zu lassen.
Wir bitten dich, sei da mit deinem Trost,
wenn wir nicht mehr weiter wissen.

In diesem österlichen Brot stärkst du uns.
Gleichzeitig gibst du uns die Gewißheit,
daß wir mit dir das unzerstörbare Leben haben
 werden.
Dafür sei dir sei Lob und Dank
in alle Ewigkeit. Amen.

Lied

Mir nach spricht Christus (GL 616,4)

14. Sonntag im Jahreskreis

Lied

Was Gott tut, das ist wohlgetan (GL 294,1)

Anrufung

- Gott, himmlischer Vater, du willst, daß wir dir vertrauen; oft aber halten wir uns zurück.
- Dein Sohn Jesus Christus hat uns durch sein Leben gezeigt, was wahres Gottvertrauen ist.
- Hilf uns, daß wir es wagen, dir in allen Lebenslagen immer mehr zu vertrauen.

Schriftwort

In jener Zeit sprach Jesus:
Ich preise dich, Vater, Herr des Himmels und der Erde,
weil du all das den Weisen und Klugen verborgen,
den Unmündigen aber geoffenbart hast.
(*Mt 11,15*)

Gedanken zum Text

Im ersten Moment geht aus dem Kontext gar nicht hervor, wofür Jesus Gott seinen Dank ausspricht. Ja wofür eigentlich? Es geht wohl gegen die menschliche Einbildung.
In einer moderneren Bibelübertragung wird Jesu Gebet formuliert als Preis an Gott dafür, daß er all das »vor den Trägern von Weisheit und Bildung verborgen und den ›Kindsköpfen‹ enthüllt« hat.

Wir gebrauchen »Kindskopf« zumeist als abschätzige Bezeichnung. Man kann es aber auch mal positiv nehmen. Dann sind »Kindsköpfe« die, die Spaß verstehen, die manches im Leben lockerer sehen können und nicht alles so tragisch nehmen. Manchmal sagen Kranke: »Meinen Humor, wenn ich den nicht hätte ...!« Genau das ist wohl gemeint.
Es geht um die menschliche Verstiegenheit, in der man meint, Gott gegenüber alles und jedes mit scharfem Verstand durchdringen und ergründen zu müssen.
Wohl dem, der vor Gott manches kindlich-vertrauensvoll stehenlassen kann; denn der hat eine tragfähigere Gottesbeziehung als jemand, der mit seinem Verstand einem gesunden Glauben im Weg steht.

Hinführung

Im Brot aus der Feier der heiligen Eucharistie schenkt uns Gott seine Nähe. Unser Verstand begreift es nicht, aber unser Herz ahnt seine Liebe.

Gebet

Unfaßbarer Gott,
du hörst nicht auf, immer wieder unser Herz
    anzurühren.
Du willst, daß wir dir in allem trauen.
Du hast unser Leben geschaffen.
Du begleitest es mit deinem Wohlwollen.
Und in deiner Weisheit wirst du es zum Ziel führen.
Festige in uns den guten Glauben, daß wir hinfinden
    zum dem,
was du für uns bereitet hast von Anbeginn der Welt

und was unsere Erfüllung sein wird in Ewigkeit.
Amen.

Lied

Was Gott tut, das ist wohlgetan (GL 294,3)

15. Sonntag im Jahreskreis

LIED

Wer nur den lieben Gott läßt walten (GL 295,1–2)

ANRUFUNG

– Gott, du bewirkst in uns den Glauben. Nur dadurch sind wir am Leben.
– Gott, du bist der Grund unserer Hoffnung. Ohne dich haben wir keinen Bestand.
– Gott, du entfachst in uns die Liebe. So verbindest du uns mit dir und untereinander.

SCHRIFTWORT

Brüder und Schwestern!
Ich bin überzeugt,
daß die Leiden der gegenwärtigen Zeit nichts bedeuten im Vergleich zu der Herrlichkeit, die an uns offenbar werden soll.
Denn die ganze Schöpfung
wartet sehnsüchtig auf das Offenbarwerden der Söhne (und Töchter) Gottes.
Denn wir wissen,
daß die gesamte Schöpfung
bis zum heutigen Tag seufzt und in Geburtswehen liegt.
(Röm 8,18–19.22)

Gedanken zum Text

Diese Paulusworte sind 2000 Jahre alt, und noch immer sind sie genauso wahr wie damals.
Noch immer ist die Welt nicht vollendet. Noch immer liegt die Welt in zum Teil schrecklichen Geburtswehen. Wenn man allein nur einmal bedenkt, welch schmerzhafte Wehen Naturkatastrophen für viele Menschen bedeuten. Krankheiten setzen der Menschheit zu; und scheint die eine besiegt, kommt wie durch die Hintertür eine andere.
Es ist ein alter Traum der Menschheit, die Welt zu perfektionieren. Doch wir werden zugeben müssen: Es wird uns Menschen nicht gelingen. Die Vollendung der Welt liegt in anderen Händen.
Eine enorm starke Glaubenszuversicht spricht aus diesen Paulusworten. Es ist allein die Gewißheit des Glaubens, die so sprechen kann: daß einmal der Zustand eintreten wird, wo alles, was wir erleiden und schon erlitten haben, nur ein Nichts sein wird im Vergleich zu dem, was uns an Erfüllung blüht.
Kann es eine stärkere Kraft geben als solch einen Glauben?

Hinführung

Damit unser Glaube, der oft schwach und angefochten ist, einen festen Halt findet, hat uns Gott seinen Sohn gegeben. In ihm sind uns Zukunft und Leben erschlossen.

GEBET

Gott, du bist das Leben.
Ohne dich können wir nicht sein.
Du hast ein Interesse an uns, das jede menschliche
  Vorstellung übersteigt.
In deinem Sohn Jesus Christus machst du uns
  deutlich,
wie sehr du uns liebst.
Wir danken dir für alles, was er für uns getan hat.
Er ist für uns zum Brot geworden, das uns leben läßt.
Laß uns nicht verlorengehen,
auch wenn unser Glaube manchmal schwach wird.
Ergänze du in deiner Liebe alles, was uns fehlt,
und laß uns auf immer in dir geborgen sein.
Amen.

LIED

Wer nur den lieben Gott läßt walten (GL 295,3)

16. Sonntag im Jahreskreis

Lied

Alles meinem Gott zu Ehren (GL 615,1)

Anrufung

- Gott, unser Vater, aus uns heraus wissen wir nicht, wie wir in rechter Weise beten können.
- Jesus Christus, auch wir bitten dich heute wie deine Jünger damals: Lehre uns beten!
- Heiliger Geist, schenk uns die Gabe, jederzeit betend auf Gott hin ausgerichtet zu sein.

Schriftwort

Brüder und Schwestern!
Der Geist nimmt sich unserer Schwachheit an.
Denn wir wissen nicht,
worum wir in rechter Weise beten sollen.
Und Gott, der die Herzen erforscht,
weiß, was die Absicht des Geistes ist.
(*Röm 8,26a–c.27a–b*)

Gedanken zum Text

Ein Gebet ist nie ein menschliches Produkt. Im Beten kommt in uns eine Energie zum Schwingen, die auf Gott ausgerichtet ist; diese heißt Heiliger Geist. Wir können uns überhaupt nicht an Gott wenden, außer im Heiligen Geist.

Ähnlich wäre die Frage zu sehen, ob Gott ein Gebet überhaupt erhören kann, das nicht auf seiner Wellenlänge liegt. Denn es ist im tiefsten immer der Heilige Geist, der uns eingibt, um was wir in rechter Weise beten sollen. Was sich durchsetzen wird in unserem Leben, ist allein das, was auch Gottes Wille ist. Dieser Gedanke mag im ersten Moment vielleicht befremdlich erscheinen und gar nicht so leicht annehmbar. Doch nur was geistgeleitet aus einem menschlichen Herzen aufsteigt, dringt durch zu Gott. Alles andere ist wahrhaft geistlos und kann gar kein fruchtbarer Lebensimpuls sein, sondern nur ichbezogenes Um-sich-selbst-Kreisen.

Hinführung

An Jesus Christus können wir erkennen, worauf es für uns ankommt. Er war ganz und gar dem Willen Gottes gehorsam.

Gebet

Guter Gott, du kommst zu mir,
weil du um meine Bedürftigkeit weißt.
Ich danke dir, daß du mich mit deiner Nähe
   beschenkt hast.
Ich bitte dich, bleibe mir allzeit nahe.
Gib mir, was ich zum Leben brauche.
Vor allen Dingen bitte ich dich um ein festes
   Vertrauen in deinen heiligen Willen.
Du weißt den Weg für mich
und wirst alles zum Guten lenken. Amen.

Lied

Alles meinem Gott zu Ehren (GL 615,2)

17. Sonntag im Jahreskreis

Lied

Das Heil der Welt, Herr Jesus Christ (GL 547,1)

Anrufung

- Gott, wir sehnen uns nach einem Leben in Zufriedenheit und Glück.
- Manchmal verschwenden wir Gedanken und Energie an Dinge, die nicht tragen.
- Zeig' du uns aufs neue, wo der wahre Reichtum unseres Lebens zu finden ist.

Schriftwort

Mit dem Himmelreich
ist es wie mit einem Schatz, der in einem Acker vergraben war.
Ein Mann entdeckte ihn,
grub ihn aber wieder ein.
Und in seiner Freude verkaufte er alles, was er besaß,
und kaufte den Acker.
(*Mt 13,44*)

Gedanken zum Text

Schon in der Symbolsprache der Märchen steht »Schatz« für etwas ganz Kostbares im Leben. Hier im biblischen Gleichnis steht der Schatz für den Himmel, nach dem sich jeder sehnt.

Himmel – sprich Lebenserfüllung – ist nicht etwas, das irgendwann einmal nach diesem Leben erst kommt. Der »Schatz, in einem Acker vergraben« meint: In meinem Lebensalltag ist der Himmel zu finden, hier und heute und nirgends sonst.

Der Mann gräbt den einmal entdeckten Schatz wieder ein. Das besagt: Isoliert ist ein erfülltes Leben nicht zu haben. Ich muß schon den ganzen (Lebens-)Acker in Besitz nehmen. Und das hat seinen Preis!

Es kann dem einen große Mühe kosten, das Leben in seiner Ganzheit anzunehmen, wenn er nicht mehr sieht, wie es weitergeht. Ein anderer hat im Leben schwer zu ackern, weil ihn eine chronische Krankheit immer wieder bremst. Für wieder einen anderen ist das Dasein nur ein sorgenvoller Steinacker und läßt an den Schatz nur schwer glauben.

Wie sehe ich mein Leben angesichts dieses Gleichnisses Jesu?

Hinführung

Wer Jesus ganz vertraut, hat einen Schatz erworben, der ihn hinführt zum unvergänglichen Leben.

Gebet

Jesus,
in vielen Bildern und Gleichnissen erzählst du uns
  vom Reich Gottes.
Doch die Größe unserer Zukunft
bleibt unserer Vorstellung noch verborgen.
Gib uns im Hören auf dein Wort festeres Vertrauen
  in deine Verheißung,

damit wir tun, was uns der Fülle des Lebens näher
 bringt,
und meiden, was uns davon abhält.
Wir danken dir heute und an allen Tagen unseres
 Lebens.
Amen.

LIED

Das Heil der Welt, Herr Jesu Christ (GL 547,4)

18. Sonntag im Jahreskreis

Lied

Gott liebt diese Welt (GL 297,1–2)

Anrufung

- Gott, du hast Himmel und Erde geschaffen. In Liebe sorgst du für deine Geschöpfe.
- Zu uns Menschen hast du eine besondere Beziehung. Wir übersehen oft diese Wahrheit.
- Wir leben aus deiner unerschöpflichen Gnadenquelle und schulden dir unseren Dank.

Schriftwort

So spricht der Herr:
Auf, ihr Durstigen, kommt alle zum Wasser!
Auch wer kein Geld hat, soll kommen.
Kauft Getreide, und eßt, kommt und kauft ohne Geld,
kauft Wein und Milch ohne Bezahlung!
(Jes 55,1)

Gedanken zum Text

Schön wär's!, könnte man auf diese Worte ganz unwillkürlich antworten. Denn wir wissen doch genau: Alles hat seinen Preis, und umsonst ist der Tod.
Klar ist, daß sich Menschen ihren Lebensunterhalt erarbeiten müssen. Das war immer so und wird auch so bleiben. Aber wir kennen auch die andere Seite: Geld allein macht noch nicht glücklich. So gibt es nicht wenige Menschen, die von sich sagen, daß sie, obwohl sie alles haben, einfach nicht zufrieden oder seelisch sogar sehr unglücklich sind.

Und genau darum geht's: Denn das, was wirklich glücklich macht, das kann man mit Geld nicht kaufen. Über den leiblichen Durst hinaus kann es einen viel brennenderen Durst geben, den nach Lebenssinn und innerer Zufriedenheit.
Wir wissen sehr wohl: Mit materieller Befriedigung von Kaufbedürfnissen läßt sich dieser Durst nicht stillen, höchstens kurzfristig überdecken.
Nur die Orientierung an Gott kann unseren Lebensdurst stillen.

HINFÜHRUNG

Es steht bei Johannes: Am letzten Tag des Festes, dem großen Tag, stellte sich Jesus hin und rief: Wer Durst hat, komme zu mir, und es trinke, wer an mich glaubt.

GEBET

Herr, du kennst unseren Lebenshunger
und unseren Durst nach Sinn.
Wir danken dir, daß du dich in Jesus
auf unsere Lebensbedürfnisse eingelassen hast
Er ist für uns zur Nahrung geworden,
die unsere Seele stärkt und unseren Leib aufrichtet.
Wir bitten dich, gib du uns jederzeit,
was wir zum Leben brauchen,
damit wir keine Not leiden, sondern in deinem
   Frieden leben dürfen
Mach uns auch selbst anderen gegenüber zum Geben
   bereit. Amen.

LIED

Herr, deine Güt' ist unbegrenzt (GL 289,2)

19. Sonntag im Jahreskreis

Lied

Nun saget Dank und lobt den Herren (GL 269,1)

Anrufung

- Herr, unser Leben kommt aus deiner Hand. Aus uns allein vermögen wir nichts.
- Manchmal waren wir stolz und haben die Hilfsbereitschaft anderer zurückgewiesen.
- Auch dir schulden wir Dank für so viel Gutes, das du an uns getan hast.

Schriftwort

(In der Nacht auf dem See sagte Petrus zu Jesus:)
Herr, wenn du es bist,
so befiehl, daß ich auf dem Wasser zu dir komme.
Jesus sagte: Komm!
Da stieg Petrus aus dem Boot
und ging über das Wasser auf Jesus zu.
Als er aber sah, wie heftig der Wind war,
bekam er Angst und begann unterzugehen.
Er schrie: Herr, rette mich!
(*Mt 14,28b–30*)

Gedanken zum Text

Wir wissen ja alle, wie diese heikle Situation ausgeht.
Jesus läßt Petrus nicht untergehen.

Etwas von Petrus steckt auch in jedem von uns. Wer kennt das nicht von sich, daß er ehrlich und fest glauben möchte. Phasenweise gelingt das auch. Das tut einem dann gut, und man fühlt sich innerlich aufgehoben.

Aber dann gibt es eben auch wieder das: Unsicherheiten und Lebensängste, wo man das Gefühl hat, den Boden unter den Füßen zu verlieren. Und wo ist unser Glaubensvermögen dann?

Nichts anderes will uns diese Bibelstelle lehren: Es ist richtig, in Glaubenszuversicht auf Jesus zuzugehen. Der feste Glaube ist es, der dem Wasser buchstäblich Balken verleiht. Wenn aber einmal alles ins Schwanken gerät und unser Glaube zweifelhaft zu werden droht, eines bleibt wahr: Jesus wird nie seine Hand zurückziehen, die allein uns halten wird! Gott sei Dank!

HINFÜHRUNG

Gott hat zu jeder Zeit das Beten seines Volkes um Hilfe gehört. In Christus streckt er uns seine rettende Hand entgegen.

GEBET

Herr, wir danken dir für all das,
was du durch Jesus Christus an uns getan hast.
Er ist es, der Himmel und Erde,
der dich, den großen Gott, mit uns schwachen
  Menschen verbindet.
Da er uns nahe ist, schwindet unsere Angst.
Wir bitten dich, laß uns allezeit deine Nähe erfahren,
ganz besonders dann, wenn Stunden der Anfechtung
und des Zweifels uns zuzusetzen drohen.

Dir, Gott des Lebens, sei Lob und Ehre in alle
  Ewigkeit.
Amen.

Lied

Nun saget Dank und lobt den Herren (GL 269,2)

20. Sonntag im Jahreskreis

LIED

Auf dich allein ich baue (GL 293,1)

ANRUFUNG

- Herr und Gott, du läßt uns nicht allein in unseren Sorgen und Nöten.
- Du sicherst uns zu durch Jesus, deinen Sohn, daß wir dich in allen Anliegen bitten dürfen.
- Vertrauensvoll richten wir all unsere Hoffnung auf dich.

SCHRIFTWORT

Eine kanaanäische Frau rief:
Hab Erbarmen mit mir,
Herr, du Sohn Davids!
Jesus gab ihr keine Antwort.
Doch die Frau kam,
fiel vor ihm nieder
und sagte: Herr, hilf mir!
Darauf antwortete ihr Jesus:
Frau, dein Glaube ist groß.
Was du willst, soll geschehen.
(*Mt 15,22a–b.23a.25.28a–c*)

Gedanken zum Text

Grundsätzlich gilt: Ich bin von Gott angenommen. Der Grund liegt darin, daß Gott unwiderruflich zu allen seinen Menschen steht. Ein Mensch, der aus diesem Bewußtsein leben kann, wird sich stark fühlen.

Aber das kommt eben auch vor: Unsicherheitsgefühle und das Empfinden, doch nicht so recht zu wissen, wie Gott zu mir steht, gerade wenn ich mich erbärmlich fühle.

Ein fester Glaube jedoch läßt sich nicht irritieren! Das lebt die kanaanäische Frau vor. Als Nichtjüdin gehört sie nach damaligem Verständnis nicht zur Heilsgemeinschaft. Doch als Jesus ihr tiefgläubiges Vertrauen in seine Person sieht, kann er nicht anders, als ihr das ersehnte Heil zuzusichern.

Zwar sind wir durch die Taufe fest mit Jesus verbunden. Ob aber unser Vertrauen in Jesus angesichts aktueller Nöte ebenso vital ist wie bei jener Frau? Durch keine Macht der Welt war sie davon abzubringen, daß Jesus ihr in all ihren Anliegen mit Gewißheit helfen würde.

– Und ich?

Hinführung

Jesus fordert uns auf: Kommt alle zu mir, die ihr euch plagt und unter Lasten stöhnt, ich werde euch Ruhe verschaffen.

Gebet

Herr, ich bin oft zurückhaltend
und setze mein Vertrauen zu wenig in dich.

Doch ich sehe: Manches, das mich bedrückt,
kann ich aus mir allein heraus nicht lösen.
Ich bitte dich:
Festige mein Vertrauen in dich, mein Heiland,
damit ich die Herausforderungen meines Lebens
annehmen und bestehen kann.
Ich danke dir für dein Entgegenkommen.
Amen.

LIED

Auf dich allein ich baue (GL 293,4)

21. Sonntag im Jahreskreis

LIED

Befiehl du deine Wege (GL 888,1 [Eigenteil Bistum Würzburg])

ANRUFUNG

- Gott, wir meinen manchmal, wir hätten unser Leben im Griff, doch in Wahrheit überblicken wir nicht viel.
- Oft geht uns die rechte Gelassenheit ab und unser Gottvertrauen ist klein.
- Erneuere du in uns die Bereitschaft, in allem, was uns widerfährt, auf dich zu hoffen.

SCHRIFTWORT

Wie unergründlich sind seine Entscheidungen,
wie unerforschlich seine Wege!
Denn wer hat die Gedanken des Herrn erkannt?
Oder wer ist sein Ratgeber gewesen?
Wer hat ihm etwas gegeben,
so daß Gott ihm etwas zurückgeben müßte?
(*Röm 11,33b–35*)

GEDANKEN ZUM TEXT

Die Bestimmtheit, mit der ein Apostel Paulus glauben konnte, mutet uns heutigen Menschen wie fremd an. Die Gottergebenheit früherer Zeiten, alles im Leben in

Gottes Namen anzunehmen, scheint vielen eine überwundene Lebenseinstellung zu sein. Der heutige Mensch versteht sich gern als autonomes, selbstbestimmtes Wesen.

Doch diese Sicht geht nicht so einfach auf, denn in vielen Lebenszusammenhängen sind wir tatsächlich fremdbestimmt. Jedenfalls ist jeder einzelne eingebunden in Funktionsabläufe. Ohne andere – wir kennen sie zumeist gar nicht persönlich – stünden uns zum Beispiel alltägliche Konsumgüter gar nicht zur Verfügung. Diese banale Realität kann uns schon nachdenklich machen.

Um wieviel mehr ist unser gesamtes Dasein in einen Sinnzusammenhang eingebunden, der mit Gott zu tun hat! Wie leichtfertig neigt ein Mensch manchmal dazu, sich Gott gegenüber für autonom zu halten!

In Wahrheit steht unser Leben in einem tiefen Beziehungszusammenhang mit Gott. Erst wenn wir beginnen, uns darauf einzulassen, bekommt unser Leben Sinn und Richtung.

Hinführung

Durch Jesus Christus selbst ist uns gewiß: Wir haben allen Grund, unserem Gott zu vertrauen, auch wenn wir meinen, ohne Halt zu sein.

Gebet

Herr und Gott,
unergründlich und unerforschlich sind deine Wege.
An dich zu glauben heißt,
dir alles Gute für mein Leben zuzutrauen,
auch und gerade wenn ich den Fortgang und Aus-

gang nicht überblicke.
Es ist gut, daß du mich mit dem Brot deines Sohnes gestärkt hast.
Ich danke dir für deinen Beistand
und für die Erlösung aus jeder Not.
Amen.

LIED

Befiehl du deine Wege (GL 888,2 [Eigenteil Bistum Würzburg])

22. Sonntag im Jahreskreis

Lied

Wer unterm Schutz des Höchsten steht (GL 2291,1)

Anrufung

- Gott, Herr allen Lebens, deiner Zusage wollen wir trauen, daß du auf all unseren Wegen bei uns bist.
- Oft sind wir eigensinnige Wege gegangen und haben deiner Nähe nicht getraut.
- Doch du bleibst weiter für uns offen; du wartest, bis wir uns trauen, mit dir zu gehen.

Schriftwort

Jesus begann, seinen Jüngern zu erklären,
er werde getötet werden,
aber am dritten Tag werde er auferstehen.
Da nahm ihn Petrus beiseite
und machte ihm Vorwürfe;
er sagte: Das soll Gott verhüten, Herr!
Das darf nicht mit dir geschehen!
Jesus aber wandte sich um
und sagte zu Petrus: Weg mit dir, Satan;
denn du hast nicht das im Sinn, was Gott will.
(*Mt 16,21a.d–e.22.23a–b.e*)

Gedanken zum Text

Petrus reagiert eigentlich ganz natürlich. Es ist doch

ganz naheliegend, daß er die Gefahr abwenden möchte, wenn er Jesus vom Tod bedroht sieht.

Abgesehen davon, daß es bei Jesu Tod um das Erlöser-Leiden unseres Glaubens geht, scheint im Nein des Petrus auch die Problematik unserer eigenen Endlichkeit durch: Wir wollen unseren Tod nicht wahrhaben! Wann es einmal so weit sein wird, weiß keiner von uns. Eine Verdrängung des Sterbens jedoch würde keinem von uns gut tun. Es gehört zu Gottes Plan, daß wir uns von dieser Welt einmal lösen müssen.

Die Kommunion jetzt will deutlich machen: Wir werden diesen Schritt verbunden mit Jesus tun.

Hinführung

Jesus Christus, der ganz und gar mit dem Willen Gottes verbunden gelebt hat, läßt sich ein auf unsere Lebensnot.

Gebet

Jesus Christus,
ich danke dir, daß du mir so nahe kommst.
Du weißt, wer ich bin und wie ich bin.
Ich bitte dich: Sei bei mir in meinen Ängsten.
Hilf du mir, dort loszulassen, wo ich klammere.
Geh' mit mir die nächsten Schritte meines Lebens
und bewirke, daß ich in Gottes Freiheit leben darf.
Amen.

Lied

Wer unterm Schutz des Höchsten steht (GL 291,2)

23. Sonntag im Jahreskreis

Lied

Wo zwei oder drei in meinem Namen versammelt sind
(GL 998,1 [Eigenteil Bistum Würzburg])

Anrufung

- Herr, unser Gott, wir leben in einer Zeit der Vereinzelung. Wir haben sogar Scheu, voreinander religiöse Gefühle zu zeigen.
- Du forderst uns miteinander auf, in deiner Liebe zu bleiben, weil wir getrennt von dir nichts tun können.
- Wir bitten: Öffne uns in dieser Stunde neu füreinander und für dich.

Schriftwort

Jesus sagt:
Alles, was zwei von euch auf Erden gemeinsam
    erbitten,
werden sie von meinem himmlischen Vater erhalten.
Denn wo zwei oder drei in meinem Namen
    versammelt sind,
da bin ich mitten unter ihnen.
(*Mt 18,19–20*)

Gedanken zum Text

Wie oft sagen Leute: »Beten kann ich auch allein, dazu brauche ich nicht in die Kirche zu rennen.«
Selbstverständlich kann man auch alleine beten, ja die Pflege der persönlichen Gottesbeziehung ist sogar ganz wichtig. Für den Christen ist dieser Aspekt aber nicht alles. Da kann ein Vergleich weiterhelfen.
Normalerweise hat ein gesunder Mensch zwei Beine, auf denen er steht und mit denen er geht. Mit dem Beten ist es ähnlich.
Zu einem gesunden Standvermögen und Vorwärtskommen auf dem Glaubensweg gehört neben dem privaten auch das gemeinschaftliche Gebet.
Dem Gebet in Gemeinschaft spricht Jesus eine besondere Qualität zu: Er selbst ist dabei, wenn wir so beten; und diesem Beten ist in besonderer Weise Erhörung zugesagt.

Hinführung

Im Vaterunser beten wir zu Gott als unserem gemeinsamen Vater. Das ist der Wille Jesu. Mit allen Kräften seines Lebens hat er sich dafür eingesetzt, daß wir aus unserer Vereinzelung zurückfinden zur Gemeinschaft mit Gott und untereinander.

Gebet

Jesus Christus,
du mein Menschenbruder und Gottes Sohn!
Ich danke dir aus tiefstem Herzen,
weil du mir die Gewißheit schenkst,
daß ich mit Gott verbunden bin.

Hilf, daß ich mich nie in mir selbst verfange,
wenn Sorgen und Ängste mich belasten.
Gib mir die tragende Erfahrung,
daß ich mich in jeder Not aufgehoben wissen darf
in der Gemeinschaft mit allen, die fest auf dich bauen.
Amen.

LIED

Wo zwei oder drei in meinem Namen versammelt sind
(GL 998,1 [Eigenteil Bistum Würzburg])

24. Sonntag im Jahreskreis

Lied

Sonne der Gerechtigkeit (GL 644,1.3)

Anrufung

- Immer wieder werden wir Menschen aneinander schuldig. Schnell ist ein ungutes Wort gefallen und Beziehungen sind belastet.
- Manchmal ist unser Herz deswegen lange verkrampft und wir sind nicht bereit, den ersten Schritt auf den anderen hin zu machen.
- Versöhnung ist nicht möglich ohne dich. Laß uns hören, was du uns sagst, damit unsere Herzen geheilt werden.

Schriftwort

Groll und Zorn sind abscheulich, nur der Sünder hält
 daran fest.
Wer sich rächt, an dem rächt sich der Herr;
dessen Sünden behält er im Gedächtnis.
Vergib deinem Nächsten das Unrecht,
dann werden dir, wenn du betest, auch deine Sünden
 vergeben.
(*Sir 27,30–28,2*)

Gedanken zum Text

Versöhnung ist gar nicht immer so leicht. Es dauert manchmal lange, bis sich nach einem Streit Emotionen wieder glätten. Versöhnung ist ein Prozeß, und die Bereitschaft dazu muß innerlich wachsen.
Vergebung und Versöhnung sind für Gott unausweichliche Erfordernisse des Lebens. Das machen schon alttestamentliche Texte mit Nachdruck deutlich.
Wer von Rachegefühlen nicht lassen kann, der macht Gott zu seinem Rächer. Denn wer Rachegefühle kultiviert, der beleidigt seinen eigenen heiligen Kern. In der Folge versauert er innerlich, wird verbissen, unfrei und freudlos.
Allein das Gebet kann auch die zwischenmenschliche Atmosphäre heilen, wenn sie belastet ist. Beten, ohne vergebungsbereit zu sein, geht nicht. Der Satz im Vaterunser: »Vergib uns unsere Schuld, wie auch wir vergeben unseren Schuldigern« macht das ganz deutlich.
Wer in der Haltung beharrt: Aber der andere soll erst zu mir kommen, wird nicht frei von seinem Groll und bleibt ein Gefangener seiner mißlichen Situation. Nur ehrliche Vergebungs- und Versöhnungsbereitschaft führen zu innerem Frieden, selbst wenn der andere nicht auf einen zukommen sollte.

Hinführung

Wenn wir getanes Unrecht nicht mehr rückgängig machen können, so dürfen wir im Vertrauen auf Jesus Christus trotzdem Hoffnung haben. Er, der die Welt mit Gott versöhnt hat, hilft uns, daß auch wir wieder zueinander finden können.

GEBET

Gott, du hast die Welt geschaffen,
und alles hast du für gut erachtet, so wie du es
  geschaffen hast.
Wir leben durch Engstirnigkeit und Eigensinn oft so,
daß ein gutes Miteinander von Mensch zu Mensch
und von Mensch zu Schöpfung unmöglich geworden
  ist.
Hilf uns durch die Gewißheit deiner Nähe,
daß wir Versöhnung suchen, wo Brüche unser Leben
  erschweren.
Bewirke, daß wir versöhnte Menschen werden,
die deinen Frieden in sich tragen.
Amen.

LIED

Sonne der Gerechtigkeit (GL 644,6)

25. Sonntag im Jahreskreis

Lied

Wohl denen, die da wandeln (GL 614,1)

Anrufung

– Gott, unser Herz ist unruhig auf dich hin, und du willst, daß wir dich suchen.
– Durch Jesus, deinen Sohn, hast du uns den Weg gezeigt, dich zu finden.
– Sei uns nahe durch ihn, damit wir hinfinden können zu dir.

Schriftwort

Sucht den Herrn, solange er sich finden läßt,
ruft ihn an, solange er nahe ist.
Meine Gedanken sind nicht eure Gedanken,
und eure Wege sind nicht meine Wege – Spruch des Herrn.
(*Jes 55,6.8*)

Gedanken zum Text

In einem Psalm heißt es: »Das ist ja mein Schmerz, daß die Rechte des Höchsten so anders handelt«. In einer schmerzlichen Erkenntnis spricht der Beter aus, daß er an einem Lebenspunkt angelangt ist, wo er offensichtlich eine Korrektur hinnehmen muß. Solange alles glatt geht im Leben, ist der Wille Gottes keine Frage, die mich berührt. Geht es mir aber schlecht, dann wird es möglicherweise zum Problem, welchen Weg Gott wohl mit mir vorhat.

Der Prophet Jesaja fordert zur Gottsuche auf. Suchen bedeutet: Jeden Tag neu auf das achten, was um mich herum passiert, wie auch auf das, in welcher Weise mein Inneres darauf reagiert. Und durch eine offene Haltung für das, was er mir damit möglicherweise sagen will, kann ich in einen Dialog mit Gott hineinfinden.

Wenn ich Gottes Gedanken auch nie erfassen werde, so kann mich die Offenheit für seine Impulse doch davor bewahren, nur selbstbezogen um meine eigenen Gedanken zu kreisen, von denen ich vielleicht einmal schmerzhaft werde lassen müssen.

Hinführung

In Jesus Christus haben wir eine verläßliche Orientierung. Er hat uns den Weg zu Gott erschlossen und bringt uns voran.

Gebet

Großer Gott, unfaßbar bist du für uns.
Gerade deshalb tut uns die Gemeinschaft so gut,
die du uns erfahren läßt im heiligen Brot.
Wir danken dir für das sichere Zeichen deiner Nähe.
Im Vertrauen auf Jesus gehen wir unseren Weg,
und wir hoffen, daß du uns Leben gibst in Ewigkeit.
Amen.

LIED

Wohl denen, die da wandeln (GL 614,2)

26. Sonntag im Jahreskreis

Lied

Gott ruft sein Volk zusammen (GL 640,1)

Anrufung

- Gott, unser Vater, du hast die Welt geschaffen und jeden einzelnen Menschen.
- Jesus Christus, unser Bruder, du bist Gottes Sohn und unsere Zukunft.
- Heiliger Geist, erneuere in uns die lebendige Verbundenheit untereinander.

Schriftwort

Jesus sprach:
Was meint ihr?
Ein Mann hatte zwei Söhne.
Er ging zum ersten und sagte:
Mein Sohn, geh und arbeite heute im Weinberg!
Er antwortete: Ja, Herr!,
ging aber nicht.
Da wandte er sich an den zweiten Sohn
und sagte ihm dasselbe.
Dieser antwortete: Ich will nicht.
Später aber reute es ihn,
und er ging doch.
Wer hat den Willen seines Vaters erfüllt?
(*Mt 21,28–30.31a*)

Gedanken zum Text

Es ist schnell klar: Der zweite Sohn kommt auch in unserem Empfinden besser weg als der erste.
Die so gegensätzlichen Haltungen beider Söhne verdeutlichen religiöse Grundeinstellungen.
Da sind einmal die Christen, die am gottesdienstlichen Leben ihrer Gemeinde teilnehmen, die sich vielleicht dort auch ehrenamtlich engagieren; im privaten Umgang daheim und im Umgang mit anderen sind sie lieblos und hart. Andererseits gibt es Menschen zuhauf, die mit Kirche »nichts am Hut haben«; es sind solche, die sich vielleicht sogar als Atheisten bezeichnen, die man aber im zwischenmenschlichen Umgang als sympathisch und hilfsbereit erleben kann.
Klar ist auch hier: Es sind die zweiten, die den »Willen des Vaters« erfüllen.
Klar ist auch: Dieses Gleichnis hat mit unserer eigenen Biographie zu tun. Abgesehen davon, daß jeder von sich wird sagen müssen: »Ja, auch ich habe Gott schon oft mein Jawort gegeben, eingelöst habe ich es dann doch nicht«; abgesehen davon gilt, daß wir uns stets beobachten müssen, wie wir über kirchenkritische, kirchenferne, ja auch über antikirchliche Zeitgenossen denken und urteilen.
Fest steht jedenfalls: Vor Gott haben auch und gerade diese immer noch eine Chance!

Hinführung

Herr, dein Herz ist weit. Keinen schließt du aus von deiner Liebe. Du bist der Erlöser aller Menschen.

GEBET

Herr, heile mein Inneres.
Gib mir ein großzügiges Herz,
das bereit ist, das Gute im andern zu sehen,
und das die Beziehung eines jeden Menschen zu dir
 achtet.
Ich weiß, wie sehr ich selbst
auf dein liebendes Entgegenkommen angewiesen bin.
Ich danke dir, daß du mich deiner Nähe versicherst,
jetzt in dieser Stunde und an allen Tagen meines
 Lebens.
Amen.

LIED

Gott ruft sein Volk zusammen (GL 640, 2)

27. Sonntag im Jahreskreis

Lied

Singet, danket unserm Gott (GL 277,1–2)

Anrufung

- Gott, du bist die Quelle allen Lebens, dir verdanken wir unser Dasein.
- Dir Dank zu sagen für so vieles haben wir oft einfach vergessen.
- Je mehr wir nachdenken, desto bewußter wird uns: Aus uns allein vermögen wir nichts.

Schriftwort

Sorgt euch um nichts,
sondern bringt in jeder Lage
betend und flehend eure Bitten mit Dank vor Gott:
Und der Friede Gottes, der alles Verstehen übersteigt,
wird eure Herzen und eure Gedanken
in der Gemeinschaft mit Christus bewahren.
(*Phil 4,6–7*)

Gedanken zum Text

Wodurch ist unser Gebet mehr geprägt: von Bitten oder von Dank? Die spontane Antwort wird wahrscheinlich eher in Richtung Bitten gehen als in Richtung Dank.
Tatsächlich haben wir viele Bedürfnisse, bezogen auf

andere Menschen, erst recht bezogen auf Gott. Wenn man krank ist (oder wenn man vor einer Operation steht ...), wird einem das um so mehr bewußt. Und wir sollen ja auch bitten; Jesus ermuntert dazu.
Jeder Bitte müßte aber auch ein Dank vorausgehen. Oft vergessen wir, wieviel wir zuvor schon erhalten haben. Danken hängt bekanntlich mit Denken zusammen. Ein Mensch, der nur das Bitten kennt, das Danken aber nicht, ist ein gedankenloser Mensch – eine Haltung, die innerlich unzufrieden, ja friedlos macht.
»Bringt eure Bitten mit Dank vor Gott!« Paulus koppelt Bitten und Danken aneinander. Aus dieser Verbindung, so sagt er, kommt »der Friede Gottes« in unsere Herzen und Gedanken.

Hinführung

Jesus hat uns im wahrsten Sinne des Wortes ins Gebet genommen. Durch ihn gelangt unser Dank und unser Bitten zu Gott.

Gebet

Jesus Christus,
daß du mich teilhaben läßt an deinem Tisch,
erfüllt mich mit tiefer Dankbarkeit.
Mehr noch als das tägliche Brot meinen Leib am
  Leben erhält,
erfüllst du meine Seele durch das eucharistische Brot
  mit der Gewißheit,
daß ich das Leben haben werde,
auch wenn es dem Augenschein nach abzunehmen
  scheint.
Ich danke dir, daß du immer bei mir bleiben wirst.

Aus dieser Zuversicht heraus bitte ich:
Gib mir jederzeit das, was ich zum Leben wirklich
 nötig habe.
Amen.

LIED

Singet, danket unserm Gott (GL 277,3–4)

28. Sonntag im Jahreskreis

Lied

Im Frieden dein, o Herre mein (GL 473,1)

Anrufung

- Wir sind unterwegs auf den Straßen unseres Alltags; so viel beschäftigt uns, und wir finden keinen rechten Frieden.
- Wir geraten aneinander, versperren einander den Weg und machen uns das Vorwärtskommen gegenseitig schwer.
- Es ist gut, Herr, vor dir zur Ruhe zu kommen und zu hören, was du uns sagen willst.

Schriftwort

Der König bemerkte im Festsaal
unter den Gästen einen Mann,
der kein hochzeitliches Gewand anhatte.
Er sagte zu ihm:
Mein Freund, wie konntest du ohne hochzeitliches Gewand erscheinen?
Darauf wußte der Mann nichts zu sagen.
Da befahl der König seinen Dienern:
Bindet ihm Hände und Füße
und werft ihn hinaus in die äußerste Finsternis.
(*Mt 22,11b–13*)

Gedanken zum Text

Das ist das harte Ende der Gleichniserzählung vom König, der alle möglichen Leute zur Hochzeit seines Sohnes von den Straßen rief, nachdem die erstgeladenen Gäste abgesagt hatten.
Auf den staubigen und schmutzigen Straßen meines Lebens erreicht auch mich der Ruf des Königs. Das heißt: Gott lädt mich ein, überraschend vielleicht, so unvorbereitet wie ich bin; und ich darf dieser Einladung folgen.
Wird Gott mit mir ebenso hart verfahren, wenn ich mich auf seine Einladung einlasse, aber gar nicht so ansehnlich dastehe?
Die Verse sind hart, doch die Botschaft vom barmherzigen Gott ist damit nicht aufgehoben.
Es geht ganz einfach darum, daß niemand um Ehrlichkeit in seiner Gottesbeziehung herumkommt.
Gott hat dich in sein Leben hineingenommen; hast du die richtige Einstellung zu ihm?
Von *Hoch*-zeit ist die Rede: Ist Gott der Höchste und Heiligste in deinem Leben? Nicht nur dem Lippenbekenntnis nach, sondern im Bemühen um eine ehrliche Herzenshaltung?
Die Verse sind ein ständiger Appell an meine Umkehrbereitschaft.

Hinführung

Nie sind wir vor Gott würdig. Durch Jesus hat Gott uns würdig gemacht, in die Gemeinschaft seines Lebens einzutreten. So dürfen wir sprechen wie der Hauptmann von Kafarnaum:

GEBET

Herr, du hast uns angesprochen, und du tust es immer wieder.
Deine Worte wollen nicht bedrücken, sondern befreien.
Du erwartest meine ehrliche Antwort.
Deiner guten Botschaft will ich trauen, weil sie mich froh macht.
Ich danke dir für jede Ermutigung und alles Gute.
Ich danke dir, daß du dich für mich im Brot deines Sohnes begreifbar gemacht hast.
Bleibe durch ihn bei mir in Zeit und Ewigkeit.
Amen.

LIED

Im Frieden dein, o Herre mein (GL 473,2)

29. Sonntag im Jahreskreis

Lied

Solang' es Menschen gibt auf Erden (GL 300,1–2)

Anrufung

- Gott, du hast uns Menschen als Einzelwesen geschaffen; doch es ist dein Wille, daß wir aufeinander zugehen und füreinander da sind.
- Manchmal ist es uns gelungen; doch nicht immer haben wir deinem Willen entsprechend den anderen berücksichtigt.
- Ein Leben in Gemeinschaft wird uns um so besser gelingen, je mehr wir auf dich hören; öffne uns neu für das, was du uns sagen willst.

Schriftwort

Die Pharisäer fragten Jesus:
Ist es nach deiner Meinung erlaubt,
dem Kaiser Steuer zu zahlen, oder nicht?
Jesus sagte zu ihnen:
Gebt dem Kaiser, was dem Kaiser gehört,
und Gott, was Gott gehört!
(*Mt 22,17b–c.21b–d*)

Gedanken zum Text

Mit der Anerkennung der politischen Steuer steht Jesus auf dem Boden gesellschaftlicher Wirklichkeit.

Er ist kein weltferner Frömmler; er erträumt nicht irgendwelche idealen Staats- und Gesellschaftssysteme, die es auf Erden niemals geben kann. Indem er die Steuermünze anerkennt, sagt er etwas, das heute noch genauso gilt: Tut in eurem Staat, in eurer sozialen Gemeinschaft das, was dran ist.

Gleichzeitig aber äußert er auch etwas zu den tieferen Beweggründen politischen Handelns: »Gebt Gott, was Gott gehört!« Das heißt: Die Moral in allem zwischenmenschlichen Tun muß aus einer Haltung gespeist sein, mit der ich vor Gott guten Gewissens bestehen kann.

Anläßlich des Evangeliums von der Steuermünze kann ich mich durchaus einmal fragen: Wie bringe ich mich denn in die soziale Gemeinschaft des Staates ein? Ist mir das Ganze sowieso egal? Oder denke und fühle ich in den Problemen und Fragen der Gegenwart mit? Nehme ich die Anliegen, die das Zusammenleben der Menschen gegenwärtig betreffen, mit in mein Gebet hinein?

HINFÜHRUNG

Jesus Christus ist Mensch geworden. Er kommt von Gott in unser Leben, um unsere Unvollkommenheit und Halbherzigkeit zu heilen.

GEBET

Wir können nicht alleine existieren, Herr.
Mehr noch, als wir andere Menschen brauchen,
mit denen wir leben können und die uns stützen,
brauchen wir dich.
Überall da, wo wir dich herausgehalten haben,

war unser Leben ein dürftiges Fragment.
Wir danken dir, daß du uns in Jesus deine Nähe schenkst.
Wir bitten dich:
Laß unsere Beziehungen zueinander immer besser gelingen,
denn du bist ja der Ursprung und der Garant allen Lebens.
Amen.

Lied

Solang es Menschen gibt auf Erden (GL 300,4.5)

30. Sonntag im Jahreskreis

Lied

Das Weizenkorn muß sterben (GL 620,1–2)

Anrufung

- Guter Gott, aus Liebe hast du uns alle geschaffen, so verschieden wir Menschen auch sind.
- Jesus, du hast in allem aus Liebe gehandelt und uns gelehrt, in Liebe aufeinander zuzugehen.
- Heiliger Geist, du bist die Kraft von Gott her, die in uns die Liebe immer neu entfacht.

Schriftwort

So spricht der Herr:
Einen Fremden sollst du nicht ausnützen oder ausbeuten.
Ihr sollt keine Witwe oder Waise ausnützen.
Wenn du sie ausnützt und sie zu mir schreit,
werde ich auf ihren Klageschrei hören.
Mein Zorn wird entbrennen,
und ich werde euch mit dem Schwert umbringen.
(*Ex 22,20a.21–23b*)

Gedanken zum Text

»Witwen und Waisen« stehen hier stellvertretend für alle, die sozialen Schutz brauchen. »Fremde« sind solche Menschen, die nicht in geschützten Lebensbezü-

gen zu Hause sind, aus welchem Grund auch immer.
Die Gefahr, daß die Lage solcher Menschen ausgenützt wird, ist so alt wie die Menschheit selber. Ausnützen geschieht immer aus der Position des vermeintlich Stärkeren.
Gott aber stellt sich eindeutig auf die Seite des Schwächeren. Der mosaische Text gipfelt bei Jesus im Gebot, den Nächsten zu lieben.
Für diese schlichte Eindeutigkeit des göttlichen Willens fehlt den Menschen leider oft die Einsicht. Beleg dafür sind die ethnischen Auseinandersetzungen der letzten Jahre auf dem Balkan; aber auch die Ausländer- und Fremdenfeindlichkeit in unserem Land.
Wir leben in Zeiten großer Umwälzungen und Veränderungen, wie es vielleicht seit Jahrhunderten nicht mehr der Fall gewesen ist. Gerade da zeigen die alten, aber klaren Weisungen der Bibel, wo es »langgehen« muß.

HINFÜHRUNG

Jesus Christus ist Mensch geworden, damit wir im Blick auf ihn unsere gegenseitige Fremdheit überwinden.

GEBET

Guter Gott,
deine Weisungen sind Licht für unser Leben.
Zu einem jeden Menschen stehst du in gleich guter
  Beziehung.
Gib, daß mich diese Wahrheit positiv verändert,
so daß ich mich bewußter meinen Mitmenschen
  zuwende.

Denn wer dir vertraut, darf erfahren, wie Leben
 besser gelingt.
Dafür sei dir Lob und Dank.
Amen.

LIED

Das Weizenkorn muß sterben (GL 620,3–4)

31. Sonntag im Jahreskreis

Lied

Manchmal kennen wir Gottes Willen (GL 299,1–2)

Anrufung

- Gott, du hast immer wieder zu den Menschen gesprochen und deinen Willen kundgetan.
- Im Wort der Heiligen Schrift und durch die Weisung deiner Kirche gibst du uns stete Orientierung.
- Dein guter Geist bewege uns, damit wir offen bleiben für das, was du uns zu sagen hast.

Schriftwort

Jesus sagte:
Die Schriftgelehrten und die Pharisäer
haben sich auf den Stuhl des Mose gesetzt.
Tut und befolgt also alles, was sie euch sagen,
aber richtet euch nicht nach dem, was sie tun;
denn sie reden nur, tun selbst aber nicht, was sie sagen.
Sie lassen sich von den Leuten Rabbi – Meister – nennen.
Ihr aber sollt euch nicht Rabbi nennen lassen.
Denn nur einer ist euer Meister,
ihr alle aber seid Brüder (und Schwestern).
(*Mt 23,2–3.7b–8*)

Gedanken zum Text

Möglicherweise sind Sie selbst schon einmal von einem Vertreter der Kirche hart oder gar zu Unrecht angegangen worden. Oder vielleicht kennen Sie jemanden, der diesbezüglich unter einer Verletzung leidet. Für jemanden, der aufgrund solcher Erfahrungen auf Distanz gegangen ist, sind diese Worte aus dem Mund Jesu möglicherweise eine Art Bestätigung.
Aufgabe der Kirche ist die Verkündigung der Frohbotschaft, nicht die einer Drohbotschaft. Das spüren wir auch tief in unserem Innern. Jeder amtliche Verkünder des Evangeliums bleibt jedoch ein fehlerhafter Mensch und kann Gefahr laufen, selbst unglaubwürdig zu werden, weil er durch sein Verhalten die Botschaft Jesu möglicherweise verdunkelt.
Dann gilt es, »das Kind nicht mit dem Bad auszuschütten«. Denn wenn der Überbringer einer Botschaft nicht vollkommen ist, heißt das noch lange nicht, daß der Inhalt der Botschaft selbst nicht wahr ist!
Ein Sprichwort sagt: Gott schreibt gerade auch auf krummen Zeilen.

Hinführung

Im Reden und Tun Jesu gab es keine Zwiespältigkeit. Sein Wort war durch seine Tat gedeckt. Auf ihn können wir uns in jeder Lebenslage verlassen.

Gebet

Jesus, unser Bruder und Freund,
wir danken dir für alles, was du für uns getan hast.

Du warst glaubwürdigvom ersten bis zum letzten
   Moment deines Lebens.
Für die Gewißheit, daß Gott gut zu uns ist,
hast du dein Leben eingesetzt.
Deine Nähe im Brot des Abendmahles
garantiert uns die sichere Verbindung zum Leben,
das in Ewigkeit nicht vergehen wird.
Wir danken dir alle Tage.
Amen.

Lied

Nun singe Lob, du Christenheit (GL 638,4–5)

32. Sonntag im Jahreskreis

LIED

Wir sind nur Gast auf Erden (GL 656,1–3)

ANRUFUNG

- Unser Gott, zwar wissen wir, daß wir endliche Geschöpfe sind, doch gern verdrängen wir diese Wahrheit.
- Du hast uns hineingestellt in den Rhythmus der Jahreszeiten, der uns etwas sagen will über die Wahrheit unseres Daseins.
- In Jesus, deinem göttlichen Sohn, wirst du uns herausholen aus der Not der Endlichkeit hinein in ein Leben, für das unser Vorstellungsvermögen nicht ausreicht.

SCHRIFTWORT

Paulus schreibt:
Wir wollen euch über die Verstorbenen nicht in Unkenntnis lassen,
damit ihr nicht trauert wie die anderen,
die keine Hoffnung haben.
Wenn Jesus – und das ist unser Glaube –
gestorben und auferstanden ist,
dann wird Gott durch Jesus auch die Verstorbenen zusammen mit ihm zur Herrlichkeit führen.
(*1 Thess 4,13–14*)

Gedanken zum Text

Der November gilt als trüber Monat. Die Tage werden immer kürzer, die Nächte länger. Die Natur stirbt. Die Kraft ist gewichen. Tod ist das Thema des Novembers. In vielfacher Weise wird der Toten gedacht, kirchlicher- und auch staatlicherseits. Unweigerlich werden Anklänge an unseren eigenen Tod wach.

Die Worte des Paulus bringen einen entschieden positiven Aspekt in diese trübe Stimmung hinein: Trauer gehört zum Leben; es ist ganz wichtig, daß wir über Verluste trauern können, insbesondere wenn es um Menschen geht. Trauer soll aber nicht in depressive Gestimmtheit abgleiten. Dem Christen ist in seinem trauernden Gedenken eine Aussicht gegeben: sie heißt Hoffnung. Diese Hoffnung wurzelt im Osterglauben. An Ostern ist die Natur jeweils am Aufblühen. Wir sollten uns in diesen dunklen Tagen an dieser uns von Kindheit an vertrauten Gewißheit festhalten. Das hilft uns, die Wahrheit unseres Daseins zu erkennen: Trotz Tod und Trauer wird durch Christus alles Leben zur vollen Blüte kommen – das unserer Verstorbenen wie auch einmal unser eigenes.

Hinführung

Jesus ist vom Tod zum Leben hinübergegangen. Er nimmt uns mit auf diesen Weg, damit wir das Leben finden.

Gebet

Wir danken dir, guter Gott,
denn in Jesus Christus gibst du uns einen festen
    Haltepunkt.

Die dunklen Tage machen uns unsere Endlichkeit
 bewußt.
Du allein weißt den Zeitpunkt, der uns bestimmt ist
 zu gehen.
Wir bitten dich:
Erhalte uns allezeit die feste Verbundenheit mit
 deinem Sohn;
so werden wir mit ihm zum Leben finden
und mit all den Unseren auf ewig bei dir sein.
Amen.

Lied

Nun freut euch hier und überall (GL 226,4)

33. Sonntag im Jahreskreis

LIED

Hilf, Herr meines Lebens (GL 622,1–3)

ANRUFUNG

- Gott, bei aller Unterschiedlichkeit der Menschen nimmst du jeden gleichermaßen ernst.
- Wir sehen die Unterschiedlichkeit untereinander und konstruieren daraus Ungleichheit.
- Am Ende der Zeit wirst du von jedem Rechenschaft fordern entsprechend seiner unterschiedlichen Talente.

SCHRIFTWORT

Jesus erzählte seinen Jüngern ein Gleichnis:
Mit dem Himmelreich
ist es wie mit einem Mann, der auf Reisen ging:
Er rief seine Diener
und vertraute ihnen sein Vermögen an.
Dem einen gab er fünf Talente Silbergeld,
einem anderen zwei,
wieder einem anderen eines.
Der aber ging und grub ein Loch in die Erde
und versteckte das Geld seines Herrn.
(*Mt 25,14.15a–c.18*)

Gedanken zum Text

Wir wissen um den Ausgang dieser Geschichte. Die ersten beiden haben mit ihren Talenten gewirtschaftet und es zu etwas gebracht. Dafür finden sie Anerkennung durch Gott – im Gleichnis der Mann, der auf Reisen ging. Der letzte aber hat sich nichts zugetraut. Er hat wohl im Vergleich mit den anderen gesehen, daß er minderbegabt ist. Da hat er angefangen zu grübeln. Er »grub ein Loch in die Erde« meint: Er ist auf der Stelle getreten, hat gegrübelt und nicht vermocht, nach vorne zu schauen und etwas zu wagen. Damit tut er sich nichts Gutes. Er steht am Schluß mehr als armselig da.
Kann denn ich mich annehmen mit meinen Grenzen? Kann ich mich annehmen, wenn ich nichts mehr machen kann? Wenn ich mich mit anderen vergleiche, die gesund sind und die so viel mehr machen können, dann besteht möglicherweise die Gefahr, daß ich ins Grübeln verfalle und resigniere.
Was traut Gott mir wohl noch positiv zu, wenn er mich in diese Lage versetzt, in der ich nicht mehr so leben und arbeiten kann, wie ich gerne möchte?

Hinführung

Auch wenn wir aus eigener Schwäche immer wieder versagt haben, wir brauchen den Kopf nicht hängen zu lassen. Immer wieder richtet er uns auf.

Gebet

Jesus, in diesen Tagen des Kirchenjahres
denken wir an dein Kommen.

Wir fühlen uns unfertig und hoffen auf dich.
Wir danken dir, daß wir trotz mancher Selbstzweifel
doch nicht verzweifeln müssen.
Schon heute sagst du uns:
Ich bin bei euch an allen Tagen eures Lebens.
Getröstet und voll Hoffnung und Zuversicht
wollen wir deinem Kommen entgegengehen.
Amen.

LIED

Hilf, Herr meines Lebens (GL 622,4–5)

34. Sonntag im Jahreskreis (Christkönigssonntag)

Lied

Gelobt seist du, Herr Jesu Christ (GL 560,1–2)

Anrufung

- Jesus Christus, aus dem Vater geboren vor aller Zeit. Du bist der Anfang der Schöpfung.
- Jesus Christus, du hast unser Leben angenommen. Du bist der Mittelpunkt des Lebens.
- Jesus Christus, du wirst der Richter sein am Ende der Zeit. Auf dich zielt alles hin.

Schriftwort

Jesus sagte zu seinen Jüngern:
Wenn der Menschensohn in seiner Herrlichkeit kommt und alle Engel mit ihm,
dann wird er sich auf den Thron seiner Herrlichkeit setzen.
Und alle Völker werden vor ihm zusammengerufen werden.
Dann wird der König denen auf der rechten Seite sagen:
Kommt her, die ihr von meinem Vater gesegnet seid,
denn was ihr für einen meiner geringsten Brüder
  (und Schwestern) getan habt,
das habt ihr mir getan.
(Mt 25,31–32a.34a–b.40c–d)

Gedanken zum Text

»Du bist der King!« Keiner käme auf die Idee, einem Erfolglosen diese flotte Anerkennung zuzusprechen. Von Jesus aber sagen wir, daß er »der König« ist!
Wenn man Jesus am Kreuz hängen sieht mit der Krone aus Dornen, dann stellt das die Welt buchstäblich auf den Kopf. Der König Jesus verkörpert nämlich nichts von dem, was in der Welt wirklich zählt – wie Erfolg, Ansehen, Besitz. Er verkörpert im Gegenteil all das, was keiner haben möchte: Schmerzen, Verlassenheit, totalen Verlust.
Im Christkönig hören wir die Sprache Gottes. Sie sagt uns: Wenn ihr so »drinhängt« wie er, dann seid gewiß, daß ich euch nicht hängenlassen werde!
Jesus ist der König himmlischer Herrlichkeit geworden, und da ist alles, was wir uns in unserer Phantasie ausmalen, wohl nur ein armseliger Schatten der wahren Herrlichkeit. Jesus ist der König himmlischer Herrlichkeit geworden, weil er sich – und dies ist die paradoxe Logik des Glaubens – in liebender Solidarität auf unser menschliches Scheitern eingelassen hat.
Das Fest heute sagt: Wer sich in seiner Not glaubend und vertrauend auf Jesus verläßt, wird erfahren dürfen, daß Gott sein bedrängtes Leben auf den Kopf stellen wird. Unter dieser Perspektive ist der Christ tatsächlich ein »King«!

Hinführung

Jesus hat sich auf die Not der Menschen eingelassen mit seiner ganzen Existenz. Darin hat sich uns der Christus geoffenbart, der Sohn des lebendigen Gottes.

GEBET

Gott,
das Jahr des Glaubens neigt sich dem Ende zu.
Wiederum haben wir alle die Geheimnisse begangen,
durch die du uns unsere Erlösung vor Augen führst
und durch die du uns reich gesegnet hast.
Wir danken dir für alles, was Jesus Christus für uns
 getan hat.
Voll Vertrauen bitten wir dich:
Bleibe bei uns bis zum Ende unserer Zeit
und sei uns in unserem Ende der Anfang des unvergänglichen Lebens
durch Jesus Christus, den König über Zeit und Ewigkeit.
Amen.

LIED

Gelobt seist du, Herr Jesu Christ (GL 560,3–4)